SPANISCH

von
Angelika König

Hayit Verlag
1990

WO MAN SPANISCH SPRICHT

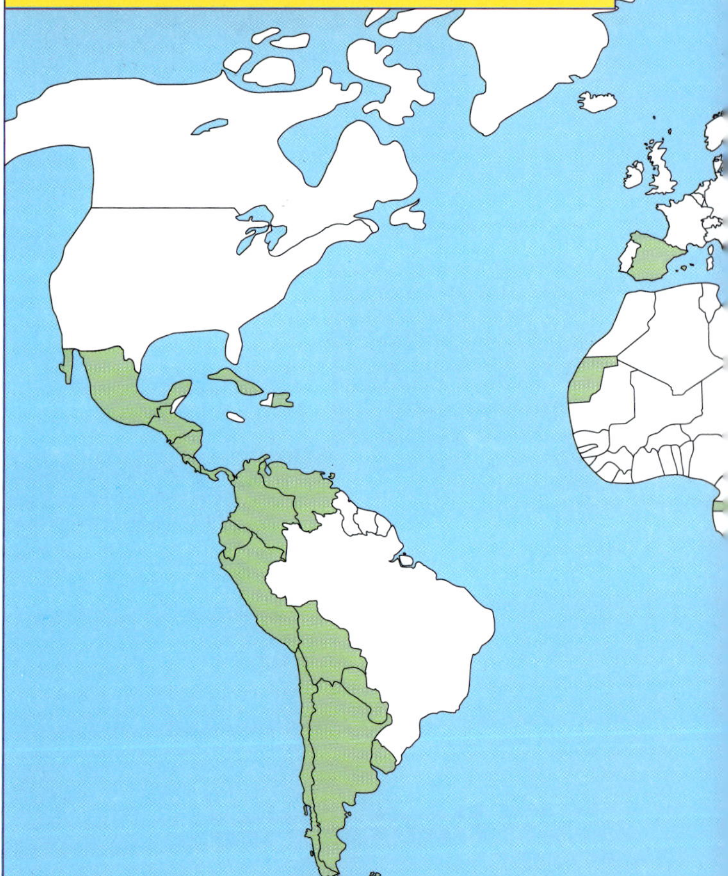

CIP-Titelaufnahme der Deutschen Bibliothek

König, Angelika:
Spanisch / von Angelika König. - Köln : Hayit, 1990
    (Reisesprachführer)
    ISBN 3-89210-248-1

1. Auflage 1990
ISBN 3-89210-248-1
© Copyright 1990, Hayit Verlag GmbH, Köln
Autorin: Angelika König
Redaktion: Petra Juling
Satz und Karte: Ulrich Berger-Juling Electronic Publishing, Bonn
Druck: PDC, Paderborn
Titelfoto: Peter Kensok
Fotos: Peter Hinze; Peter Kensok; Angelika König; R. König/Transglobe; Paul van Riel/Transglobe; Karin Rossberg/Transglobe; Heike u. Andreas Stork
Illustrationen: Reinald Gerhards, Veronika Richter

Zu diesem Buch

Wer ein Land bereist, dessen Sprache er nicht spricht, hat es manchmal schwer, sich verständlich zu machen. Dieser Reise-Sprachführer soll Ihnen dabei helfen, sich in Ihrem Reiseland auch sprachlich zurechtzufinden.

Am Anfang finden Sie einige Bemerkungen zur Aussprache und eine Kurzgrammatik. In diesen Abschnitten geht es weniger um wissenschaftliche Exaktheit als darum, Ihnen auf möglichst unkomplizierte Weise Zugang zu einer fremden Sprache zu verschaffen.

Nur die für die alltägliche Sprachpraxis allernotwendigsten Punkte werden hier angesprochen.

Der eigentliche Sprachführer ist in zehn Themenbereiche gegliedert: Die allerwichtigsten Dinge - seien es die grundlegenden Höflichkeitsfloskeln oder auch die Zahlen, Tage, Monate, die Uhrzeit und das Wetter sind als erstes aufgeführt.

Daran schließen sich Redewendungen und Wortlisten zu neun Situationen an, die dem Reisenden in jedem Land begegnen werden: vom Reisen mit den verschiedensten Verkehrsmitteln über Unterkunft und Essen und Trinken bis hin zum (hoffentlich unnötigen) Arztbesuch. Zu Beginn jedes Kapitels sind die einfachen Redewendungen für die entsprechende Situation aufgeführt, daran schließen sich jeweils alphabetisch geordnet Wortlisten an, die das schnelle Auffinden des gesuchten Begriffs erleichtern sollen. Dabei gehen wir in der Regel vom deutschen Begriff aus.

Auf jeder Seite dieses Sprachführers finden Sie drei Spalten: links der deutsche Begriff, rechts daneben der entsprechende Begriff in der Fremdsprache und schließlich ganz rechts, kursiv gesetzt, die Aussprache in vereinfachter Lautschrift. Ausnahme: die Speisekarte im Restaurant, denn sie ist ja meist nur in der Fremdsprache abgefaßt. Mit Hilfe unserer vereinfachten Lautschrift wird die Fremdsprache so einfach wie möglich wiedergegeben. Sie benötigen also keinerlei Vorkenntnisse.

Damit Sie die Vokabel, die Sie gerade dringend suchen, ohne viel blättern zu müssen, finden, haben wir zwei umfangreiche Wortverzeichnisse an den Schluß jedes Bandes gestellt: Alle wichtigen Begriffe, die in dem Band vorkommen, sind hier alphabetisch geordnet mit ihrer Übersetzung aufgeführt, einmal Deutsch - Fremdsprache und einmal Fremdsprache - Deutsch.

Wir hoffen, daß Ihnen dieser praktische Sprachführer eine sinnvolle Hilfe auf der Reise ist - und wünschen Ihnen gute Reise und einen angenehmen Aufenthalt!

Verlag und Redaktion

INHALT

Einiges Wissenswerte vorweg

Aussprache

Vokale und Diphthonge

Einzeln stehende Vokale im Spanischen weichen kaum von der deutschen
Aussprache ab. Dagegen werden zwei aufeinanderfolgende Vokale separat
ausgesprochen, ohne dabei abgehackt zu wirken. So ergeben sie einen Dop-
pellaut (Diphthong). Beispiel: Im deutschen Wort „Eule" ergibt „eu" einen
einzigen Laut. Im spanischen Wort „Europa" werden das „e" und das „u"
getrennt ausgesprochen, und die Betonung liegt auf dem „e", also „e·uropa".
Man unterscheidet zwischen dem fallenden und dem steigenden Diphthong.

Beim fallenden Diphthong liegt die Betonung auf dem ersten Vokal, z.B.
de·uda (Schuld) oder *ace·ite* (Öl). Er trifft für folgende Buchstaben-Kombinationen zu: ai, ay, au, ei, ey, eu, oi, oy und ou.

Beim steigenden Diphthong wird der zweite Vokal betont. Beispiel: *mi·edo*
wird mit Betonung auf dem „e" ausgesprochen, nicht wie im deutschen
„Mieter", wo „ie" einen einzigen i-Laut ergibt. Der steigende Diphthong trifft für
folgende Buchstaben-Kombinationen zu: ia, ie, io, ua, ue, uo, iu und ui.

Konsonanten

Wie im Deutschen ausgesprochen werden die Konsonanten d, f, k, l, m, n, p
und t.

Die Aussprache der anderen Konsonanten ergibt sich aus folgender Über-
sicht:

	Aussprache		Lautschrift, Beispiel	
c	vor den Vokalen a, o, u wie ein deutsches „k" in „Kasten"	*k*	*casa* (Haus)	*kasa*
	vor den Vokalen e und i als Lispellaut, wie im englischen „mother"	*ð*	ciudad (Stadt)	*ði·udad*
ch	„tsch" wie im Wort „Tsche-che"	*tsch*	*chico* (Junge)	*tschiko*
g	vor den Vokalen a, o und u wie das deutsche „g" in „Gans"	*g*	*gallo* (Hahn)	*galjo*
	vor den Vokalen e und i wie „ch" in „Rache"	*ch*	*gente* (Leute)	*chente*
h	stumm wie im deutschen „Wahn"	-	*hola* (hallo)	*ola*

j	wie das deutsche „ch" in „Rache"	*ch*	*bruja* (Hexe)	*brucha*
ll	wie „lj" im Wort „Emaille"	*lj*	*calle* (Straße)	*kalje*
ñ	wie „nj" im Wort „Lasagne"	*nj*	*doña* (Herrin)	*donja*
q	wird „k" ausgesprochen	*k*	*queso* (Käse)	*keso*
rr	der Doppellaut ist ein stark gerolltes Zungen-R wie im deutschen „murren"	*rr*	*correos* (Post)	*korreos*
s	wird in der Regel scharf wie das deutsche „ss" in „besser" gesprochen, nur vor einigen Konsonanten wie b, d, g, l, n, m, r, v klingt es weicher	*s*	*salsa* (Sauce)	*salsa*
v	wie das deutsche „w" in „Winter", es klingt aber fast wie ein „b"	*w*	*verdad* (Wahrheit)	*werdad*
x	wie „gs", wenn es vor Vokalen steht	*gs*	*próximo*	*pro̱gsimo*
x	wie „s", wenn es vor Konsonanten steht	*s*	*extra*	*estra*
y	wie „j" in „Yacht"	*j*	*ayuntamiento* (Rathaus)	*ajuntami·e̱nto*
y	alleinstehend und am Wortende wie „i"	*i*	*y* (und)	*i*
z	Lispellaut wie im englischen „mother"	*ð*	zapato (Schuh)	*ðapato*

 In Lateinamerika werden c und z nicht als Lispellaut *ð*, sondern *s* ausgesprochen.

Betonung und Akzentsetzung

Als allgemeine Regel gilt, daß mehrsilbige Wörter, die auf einen Vokal oder auf -n oder -s enden, grundsätzlich auf der vorletzten Silbe betont werden. Dagegen werden mehrsilbige Wörter, die auf -y oder einen anderen Konsonanten als -n oder -s enden, auf der letzten Silbe betont. Alle Wörter, die von diesen beiden Regeln abweichen, besitzen auf der zu betonenden Silbe einen Akzent (á, é, í, ó, ú).

Fragewörter (z. B. *cuándo, dónde* usw.) werden immer mit Akzent geschrieben, ebenso einige einsilbige Wörter, die einen Akzent erhalten, um Verwechselungen zu vermeiden, z. B. *de* (von), aber *dé* (gib).

Kurzgrammatik

Die Wortarten

Artikel

Im Spanischen wird zwischen männlichen und weiblichen Artikeln unterschieden.

Der bestimmte Artikel:

Einzahl weiblich: *la* – *la mujer* (die Frau)

Einzahl männlich: *el* – *el hombre* (der Mann)

Mehrzahl weiblich: *las* – *las mujeres* (die Frauen)

Mehrzahl männlich: *los* – *los hombres* (die Männer)

Vor bestimmten mit a- beginnenden Substantiven ist der Artikel *el*, obwohl das Substantiv weiblich ist. Beispiel: *el agua* (das Wasser) – *las aguas*

Der unbestimmte Artikel:

Einzahl weiblich: *una* – *una mujer* (eine Frau)

Einzahl männlich: *un* – *un hombre* (ein Mann)

Mehrzahl weiblich: *unas* – *unas mujeres* (einige Frauen)

Mehrzahl männlich: *unos* – *unos hombres* (einige Männer)

aber: *un agua* – *unas aguas*

Der sächliche Artikel *lo* dient zur Substantivierung von Eigenschaftswörtern, Adjektiven und Zahlwörtern. Beispiel: *lo peor* (das Schlimmste), *lo primero* (der Erste), *lo suyo* (das Seinige)

Substantive

Die meisten auf -a endenden Worte sind weiblich, z.B. *la casa* (das Haus)

Die meisten auf -o endenden Worte sind männlich, z.B. *el techo* (das Dach)

Es gibt jedoch auch Ausnahmen, z.B. *la mano* (die Hand)

■ Pluralbildung

Die Pluralbildung erfolgt im Spanischen durch das Anhängen eines -s: *el hombre* (der Mann) – *los hombres* (die Männer), *la mesa* (der Tisch) – *las mesas* (die Tische).

Oder eines -es, wenn das Substantiv auf einen Konsonanten oder ein -y endet, z.B. *la mujer* (die Frau) – *las mujeres* (die Frauen), *la ley* (das Gesetz) – *las leyes* (die Gesetze).

■ Die Fälle (Kasus)

Der Genitiv wird mit *de* (= von) gebildet. Beipiele: *el tamaño de la ciudad* (= die Größe der Stadt); *la casa del chico* (= das Haus des Jungen).

Der Dativ wird mit *a* (= „zu") gebildet. Beispiele: *le gusta el vestido a la señora* (das Kleid gefällt der Frau); *le gusta el traje al señor* (der Anzug gefällt dem Herrn)

Der Akkusativ ist gleich dem Nominativ. Nur wenn es sich um Personen handelt, wird *a* zwischen Verb und Person gestellt. Beispiele: *compro el billete* (ich kaufe die Fahrkarte); *invito al amigo* (ich lade den Freund ein); *invito a mi mujer* (ich lade meine Frau ein)

Adjektive

Die meisten Adjektive richten sich nach Geschlecht und Zahl des Substantivs. Beispiele: *una mujer bonita* (eine hübsche Frau); *unas casas hermosas* (einige schöne Häuser); *un coche bonito* (ein hübsches Auto); *unos días felices* (einige glückliche Tage)

Es gibt jedoch auch Adjektive, die zwar der Zahl, aber nicht dem Geschlecht angepaßt werden. Beispiel: *una persona interesante* (eine interessante Person); *un libro interesante* (ein interessantes Buch); *unas personas interesantes* (einige interessante Personen)

In der Umgangssprache bereitet Ausländern die korrekte Anwendung der weiblichen oder männlichen Form oft Schwierigkeiten. Die sprechende Person, je nachdem ob es sich um eine Frau oder einen Mann handelt, wendet jedoch die für sie bestimmte Form an. Beispiel: Eine Frau sagt: *Estoy cansada* (ich bin müde). Ein Mann sagt: *Estoy cansado.*

Eine Frau sagt: *Encantada de conocerle* (erfreut, Sie kennenzulernen). Ein Mann sagt: *Encantado de conocerle.*

Einige Adjektive werden, wenn sie vor dem Substantiv stehen, abgekürzt. Beispiel: *bueno – buen día; malo – mal humor, grande – gran fiesta*

Das Adverb wird durch Anhängen von *-mente* an die weibliche Form des Adjektivs gebildet. Beispiel: *exacto – exactamente*

■ Steigerung des Adjektivs

Im Komparativ wird das Adjektiv durch die Voranstellung von *más* (= mehr) gesteigert und von *que* gefolgt, wenn es sich um einen Vergleichssatz handelt, im Superlativ steht vor *más* der Artikel *el* oder *la*. Beispiel: *mi madre es hermosa* (meine Mutter ist schön) – *mi mujer es más hermosa* (meine Frau ist schöner) – *mi mujer es más hermosa que mi madre* (meine Frau ist schöner als meine Mutter) – *mi hija es la más hermosa* (meine Tochter ist die Schönste).

Konjugation der Verben

■ Regelmäßige Verben im Präsens

Man unterscheidet die folgenden drei regelmäßigen Verbformen. Sie enden

entweder auf *-ar* wie *amar*, auf *-er* wie comer oder *-ir* wie *asistir*. Die Konjuga-
tion dieser drei regelmäßigen Verbgruppen im Präsens erfolgt nach folgen-
dem Grundmuster:

ar = amar (lieben)	-er = comer (essen)
-o = yo amo (ich liebe)	*-o = yo como* (ich esse)
-as = tú amas (du liebst)	*-es = tú comes* (du ißt)
-a = él ama (er liebt)	*-e = él come* (er ißt)
-amos = nosotros amamos	*-emos = nosotros comemos*
(wir lieben)	(wir essen)
-áis = vosotros amáis (ihr liebt)	*-éis = vosotros coméis* (ihr eßt)
-an = ellos aman (sie lieben)	*-en = ellos comen* (sie essen)
- i r = a s i s t i r (h e l f e n)	
-o = yo asisto (ich helfe)	*-imos = nosotros asistimos*
-es = tú asistes (du hilfst)	(wir helfen)
-e = él asiste (er hilft)	*-ís = vosotros asistís* (ihr helft)
	-en = ellos asisten (sie helfen)

■ Hilfsverben

Von größter Wichtigkeit sind auch die Hilfsverben *haber* (haben), *ser* (sein,
als feste Eigenschaft) und *estar* (sein, als vorübergehender Zustand). Sie
werden in der Gegenwart folgendermaßen konjugiert:

haber (haben, besit-zen)	ser (sein)
yo he	yo soy
tú has	tú eres
él ha	él es
nosotros hemos	nosotros somos
vosotros habéis	vosotros sois
ellos han	ellos son
estar (sein)	
yo estoy	nosotros estamos
tú estás	vosotros estáis
él está	ellos están

■ Unregelmäßige Verben

Neben den regelmäßigen Verben und den Hilfsverben gibt es im Spanischen
eine große Anzahl unregelmäßiger Verben. Nachfolgend einige der meistge-
brauchten unregelmäßige Verben im Präsens:

t e n e r (h a b e n	b e s i t z e n)
yo tengo (ich habe)	*yo voy* (ich gehe)
tú tienes (du hast)	*tú vas* (du gehst)
él tiene (er hat)	*él va* (er geht)
nosotros tenemos (wir haben)	*nosotros vamos* (wir gehen)
vosotros tenéis (ihr habt)	*vosotros vais* (ihr geht)
ellos tienen (sie haben)	*ellos van* (sie gehen)
p o d e r (k ö n n e n)	s a b e r (w i s s e n)
yo puedo (ich kann)	*yo sé* (ich weiß)
tú puedes (du kannst)	*tú sabes* (du weißt)
él puede (er kann)	*él sabe* (er weiß)
nosotros podemos (wir können)	*nosotros sabemos* (wir wissen)
vosotros podéis (ihr könnt)	*vosotros sabéis* (ihr wißt)
ellos pueden (sie können)	*ellos saben* (sie wissen)

Neben der Gegenwartsform (Präsens) werden folgende Zeiten am meisten verwendet:

■ Vergangenheit

Im Spanischen gibt es anders als im Deutschen zwei verschiedene Vergangenheitsformen: *imperfecto* und *indefinido*. Das *imperfecto* wird für Beschreibungen und sich immer wiederholende Vorgänge benutzt. Das *indefinido* dagegen schildert (einmalige) Handlungen in der Vergangenheit.

P r ä t e r i t u m : p r e t é r i t o i n d e f i n i d o

Verben auf -ar:	**Verben auf -er und -ir:**
-é = yo amé (ich liebte)	*-í = yo comí* (ich aß)
-aste = tú amaste (du liebtest)	*-iste = tú comiste* (du aßest)
-ó = él amó (er liebte)	*-ió = él comió* (er aß)
-amos = nosotros amamos	*-imos = nosotros comimos*
(wir liebten)	(wir aßen)
-eis = vosotros amasteis (ihr liebtet)	*-isteis = vosotros comisteis* (ihr aßt)
-aron = ellos amaron (sie liebten)	*-ieron = ellos comieron* (sie aßen)

I m p e r f e k t : i m p e r f e c t o

Das Imperfekt (Vergangenheit) wird wie folgt konjugiert:

Verben auf -ar:	Verben auf -er und -ir:
-aba = yo amaba	*-ía = yo comía*
-abas = tú amabas	*-ías = tú comías*
-aba = él amaba	*-ía = él comía*
-ábamos = nosotros amábamos	*-íamos = nosotros comíamos*
-abáis = vosotros amabáis	*-íais = vosotros comíais*
-aban = ellos amaban	*-ían = ellos comían*

■ Perfekt (vollendete Gegenwart)

Die in der Umgangssprache meistgebrauchte Vergangenheitsform wird mit dem Partizip und dem Hilfsverb *haber* (haben) gebildet:

yo he hablado / comido / asistido (ich habe gesprochen/gegessen/ geholfen)

tú has hablado (du hast gesprochen)

él ha hablado (er hat gesprochen)

nosotros hemos hablado (wir haben gesprochen)

vosotros habéis hablado (ihr habt gesprochen)

ellos han hablado (sie haben gesprochen)

■ Gerundium

Das Gerundium wird mit dem Hilfsverb *estar* und durch Anhängen der Endung *-ando* (bei Verben auf *-ar*) oder durch *-iendo* (bei Verben auf *-er/-ir*) an den Verbstamm gebildet und im Unterschied zum Deutschen recht häufig benutzt. Beispiel:

bailar (tanzen) = *estoy bailando* (ich tanze gerade)

comer (essen) = *estoy comiendo* (ich esse gerade)

Pronomina (Fürwörter)

■ Persönliche Fürwörter

Betonte persönliche Fürwörter werden im Spanischen nur vor das Verb gestellt, wenn eine Unterstreichung der Aussage erfolgen soll, z.B.: *Soy Alemana* = ich bin Deutsche (ohne Fürwort)

aber: *Todos los invitados son Españoles, pero yo soy Alemana* = Alle Eingeladenen sind Spanier, aber ich bin Deutsche.

Ich = *yo*	Wir = nosotros, nosotras
Du = *tú*	Ihr = *vosotros, vosotras*
Er, Sie = *él, ella*	Sie = *ellos, ellas*

Die förmliche Anrede erfolgt im Spanischen durch:

usted = Höflichkeitsform „Sie" (Einzahl)

ustedes = Höflichkeitsform „Sie" (Mehrzahl)

Diese Form leitet sich vom altspanischen *vuestra merced* (euer Gnaden) ab und wird in spanischen Texten und Briefen als *Vd.* und *Vds.* abgekürzt.

Nach *usted* und *ustedes* steht das Verb in der dritten Person, z.B. *Usted habla alemán?* (Einzahl)/ *Ustedes hablan alemán?* (Mehrzahl) = Sprechen Sie deutsch?

■ Tonlose persönliche Fürwörter (Dativ und Akkusativ)

mir, mich = *me*	uns = *nos*
dir, dich = *te*	euch = *os*
ihm, ihr, Ihnen, ihn, Sie = *le*	ihnen, Ihnen, sie, Sie = *les*
ihn, es, sie = *lo*	

■ Besitzanzeigende Fürwörter

Einzahl	Mehrzahl
mi (mein)	mis (meine)
tu (dein)	tus (deine)
su (sein/ihr)	su (seine/ihre)
nuestro/nuestra (unser)	nuestros/nuestras (unsere)
vuestro/vuestra (euer)	vuestros/vuestras (eure)
su (ihr)	sus (ihre)

■ Hinweisende Fürwörter

	dieser	der da	jener
männlich, Einzahl	*este*	*ese*	*aquel*
weiblich, Einzahl	*esta*	*esa*	*aquella*
männlich, Mehrzahl	*estos*	*esos*	*aquellos*
weiblich, Mehrzahl	*estas*	*esas*	*aquellas*

Beispiele: *Este sombrero me gusta.* (Dieser Hut gefällt mir)

Ese, que tiene el Señor en frente, también es bonito. (Der da, den der Herr gegenüber hat, ist auch hübsch)

Pero, el más hermoso era aquel que tenía mi padre. (Aber am schönsten war jener, den mein Vater besaß).

Die Satzarten

Aussagesatz

Die Wortstellung im Aussagesatz ist wie im Deutschen: Subjekt – Prädikat - (Objekt)

La mujer compra el billete. = Die Frau kauft die Fahrkarte.

Mi nombre es Monika. = Mein Name ist Monika.

(Yo) espero aquí. = Ich warte hier.

Fragesatz

Die wichtigsten Fragewörter sind:

cuándo = wann	*qué* = was, welcher
cuánto = wieviel	*por qué* = warum, weshalb
cuál/cuáles = welcher, wer	*para qué* = wozu
cómo = wie	*quién/quiénes* = wer
dónde = wo	*de quién* = wessen
a dónde = wohin	*a quién* = wem, wen
de dónde = woher	

In der Schriftsprache steht vor dem Fragesatz ein umgedrehtes Fragezeichen.

Die Frage beginnt mit dem Fragewort und wird vom Verb gefolgt.

¿Dónde está la casa? Wo ist das Haus?

¿Cómo se llama usted? Wie heißen Sie?

Fragesätze, die nicht mit einem Fragewort beginnen, werden vom Prädikat eingeleitet. Zusammengesetzte Zeiten (z.B. Perfekt) werden dabei nicht getrennt. Beispiel:

¿Ha comprado la mujer el billete? = Hat die Frau die Fahrkarte gekauft?

¿Necesita usted mi ayuda? = Brauchen Sie meine Hilfe?

Richtet man sich an eine Person, kann man den Satz, entgegen der Regel, auch mit dem persönlichem Fürwort beginnen:

¿Tiene usted una habitación? oder *¿Usted tiene una habitación?*

Das Wichtigste in Kürze

Auf den folgenden Seiten finden Sie die wichtigsten Floskeln, die für ein einfaches Gespräch nötig sind. Dazu kommen einige wichtige Worte, die man immer wieder braucht: Zeitangaben, die Zahlen, die Farben und schließlich auch alle Begriffe, die man benötigt, um den Wetterbericht zu verstehen.

Ja	sí	*si*
Nein	no	*no*
aber	pero	*pero*
natürlich	claro	*klaro*
auch	también	*tambi·en*
auch nicht	tampoco	*tampoko*
und	y	*i*
also	entonces	*entonðes*
fast	casi	*kasi*
bis	hasta	*asta*
mit	con	*kon*
ohne	sin	*sin*
für	para	*para*

Begrüßung

Guten Tag/ Guten Morgen	buenos días	*bu·enos dias*
Guten Abend	buenas tardes	*bu enas tardes*
Hallo (familiär)	hola	*ola*
Herr/ Frau/ Fräulein	Señor/ Señora/ Señorita	*senjor/ senjora/ senjorita*

Vorstellen

Mein Name ist/ Ich heiße	Mi nombre es/ Me llamo	*mi nombre es/ me ljamo...*
Ich komme aus ..	Soy de ...	*so i de..*

Wie ist Ihr Name bitte?	¿Cuál es su nombre, por favor?	*ku·al es su nombre, por favor?*
Wir haben telefoniert ...	Hemos telefoneado..	*emos telefoneado..*
Wir haben reserviert ...	Hemos reservado ..	*emos reserwado..*

Geben und Nehmen

Entschuldigen Sie bitte, können Sie mir sagen ...	Perdone, me puede decir ...	*perdone, me pu·e̲de de-ðir...*
Ich möchte bitte ...	Quisiera ..	*kisi·e̲ra..*
Ich hätte gerne ...	Me gustaría tener...	*me gustari̲a tener..*
Ich brauche	Necesito	*neðesito*
Bitte geben Sie mir ...	Por favor, deme..	*por fawor, deme..*
Ja bitte	Sí, por favor	*si, por fawor*
Nein danke	No, gracias	*no, graðias*
Auf gar keinen Fall	De ninguna manera	*de ninguna manera*
Ich möchte nicht ...	No quiero ...	*no ki·e̲ro*
Ich habe keine Lust mehr.	Ya no tengo ganas.	*ja no tengo ganas.*
Das gefällt mir (nicht).	Esto me gusta/ Esto no me gusta	*esto me gusta/ esto no me gusta.*
Am liebsten wäre mir ...	Lo que más me gustaría ..	*lo ke mas me gustari̲a..*
lieber ... als	mejor ... que	*mechor... ke..*
Danke	gracias	*graðias*
Keine Ursache/ Gern geschehen	de nada	*de nada*

Etwas Smalltalk

Nett, Sie kennenzulernen	Encantado/ Encantada de conocerle	*enkantado/ enkantada de konoðerle*
Wie geht es Ihnen?	¿Cómo está usted?	*ko̲mo esta usted?*
Woher kommen Sie?	¿De dónde es usted?	*de do̲nde es usted?*
Wie lange bleiben Sie?	¿Cuánto tiempo se queda?	*ku·a̲nto ti·e̲mpo se keda?*
Kennen Sie die Gegend gut?	¿Usted conoce bien la región?	*usted konoðe bi·e̲n la re-chio̲n?*

Machen Sie hier Ferien?	¿Usted está de vacaciones aquí?	*usted esta de wakaðiones aki?*
Sind Sie geschäftlich unterwegs?	¿Usted está viajando por negocios?	*usted esta wiachando por negoðios?*
Wohnen Sie hier?	¿Usted vive aquí?	*usted wiwe aki?*
Wohin fahren Sie in den Ferien?	¿A dónde va usted de vacaciones?	*a donde wa usted de wakaðiones?*
Wie lange wohnen Sie schon hier?	¿Cuánto tiempo hace que usted vive aquí?	*ku·anto ti·empo haðe ke usted wiwe aki?*
Können Sie uns einen Ausflug/ eine Sehenswürdigkeit empfehlen?	¿Nos puede usted recomendar una excursión/ un lugar de interés?	*nos pu·ede usted rekomendar una eskursion/ un lugar de interes?*
Ich komme aus ...	Yo soy de ...	*jo so·i de ...*
Kennen Sie Deutschland/ Österreich/ die Schweiz?	¿Conoce usted Alemania/ Austria/ Suiza?	*konoðe usted alemania/ a·ustria/ su·iða?*

Trutzige Mauern vor schneebedeckten Gipfeln: La Calahorra (Andalusien)

Waren Sie schon einmal in Deutschland/ Österreich/ der Schweiz?	Ha estado usted alguna vez en Alemania/ Austria/ Suiza?	*a estado usted alguna weð en alemania/ a·ustria/ su·iza?*
Können Sie bitte langsamer sprechen?	¿Puede hablar más despacio, por favor?	*pu·ede ablar mas despaðio, por fawor?*
Ich verstehe nicht.	No comprendo	*no komprendo*
Können Sie mir das Wort ... erklären?	¿Me puede explicar la palabra ..?	*me pu·ede esplikar la palabra..?*
Was ist das?	¿Qué es esto?	*ke es esto?*
Ich bin ... Jahre alt	Tengo ... años	*tengo .. anjos*
Mein Mann/ meine Frau	mi esposo/ mi esposa	*mi esposo/ mi esposa*
meine Kinder/ meine Eltern	mis hijos/ mis padres	*mis ichos/ mis padres*
Mein Freund/ meine Freundin	mi amigo/ mi amiga	*mi amigo/ mi amiga*
fester Freund/ Verlobter bzw. feste Freundin/ Verlobte	mi novio/ mi novia	*mi nowio/ mi nowia*
Schwester/ Bruder	hermana/ hermano	*ermano/ ermana*
Nett, Sie getroffen zu haben.	Encantada/ Encantado de haberle(s) encontrado.	*enkantado/ enkantada de aberle(s) enkontrado.*
Nett, Sie kennengelernt zu haben.	Encantada/ Encantado de haberle(s) conocido.	*enkantado/ enkantada de aberle(s) konoðido.*
Vielleicht treffen wir uns einmal wieder	Quizás nos veamos nuevamente	*kiðas nos weamos nu·e·wamente.*
Machen Sie es gut.	Qué le(s) vaya bien	*ke le(s) waja bi·en*
Ich habe Hunger/ Durst.	Tengo hambre/ Tengo sed	*tengo ambre/ tengo sed.*
Prost/ Zum Wohl!	Salud/ A su salud!	*salud/ a su salud*
Guten Appetit!	Buen provecho!	*bu·en prowetscho*
Ich bin satt.	Estoy satisfecho/ satisfecha	*esto·i satisfetscho/ a*
schön/ häßlich	bello/ feo	*beljo/ feo*
nett/ unfreundlich	amable/ poco amable	*amable/ poko amable*
interessant/ langweilig	interesante/ aburrido	*interesante/ aburrido*

Verabschiedung

Auf Wiedersehen	Adiós/ hasta luego	*adiọs/ asta lu·ego*
Bis bald	Hasta pronto	*asta pronto*
Bis (nächsten) Montag	Hasta el lunes (próximo)	*asta el lunes (prọgsimo)*
Bis zum nächsten Jahr	Hasta el año próximo	*asta el anjo prọgsimo*

Entschuldigung

| Verzeihung, es tut mir leid | Perdón, lo siento | *perdọn, lo si·ẹnto* |
| Wie schade! | que pena | *ke pena* |

Zahlen, Maße und Gewichte

Die Zahlen von 1 bis 1000 und einige mehr

0	cero	*ðero*
1	un/ uno/ una	*un/ uno/ una*
2	dos	*dos*
3	tres	*tres*
4	cuatro	*ku·ạtro*
5	cinco	*ðinko*
6	seis	*sẹ·is*
7	siete	*si·ẹte*
8	ocho	*otscho*
9	nueve	*nu·ẹwe*
10	diez	*di·ẹð*
11	once	*onðe*
12	doce	*doðe*
13	trece	*treðe*
14	catorce	*kartorðe*
15	quince	*kinðe*
16	dieciséis	*di·ẹðisẹ·is*
17	diecisiete	*di·ẹðisi·ẹte*
18	dieciocho	*di·ẹðiotscho*
19	diecinueve	*di·ẹðinu·ẹwe*
20	veinte	*wẹ·inte*

21	veintiuno	*wę·intiuno*
22	veintidós	*wę·intidos*
23	veintitrés	*wę·intitres*
24	veinticuatro	*wę·intiku·ątro*
25	veinticinco	*wę·intiðinko*
26	veintiséis	*wę·intisę·is*
27	veintisiete	*wę·intisi·ęte*
28	veintiocho	*wę·intiotscho*
29	veintinueve	*wę·intinu·ęwe*
30	treinta	*trę·inta*
31	treinta y uno	*trę·intaiuno*
32	treinta y dos	*trę·intaidos*
usw...		
40	cuarenta	*ku·ąrenta*
50	cincuenta	*ðinku·ęnta*
60	sesenta	*sesenta*
70	setenta	*setenta*
80	ochenta	*otschenta*
90	noventa	*nowenta*
100	cien	*ði·ęn*
101	ciento uno	*ði·ęnto uno*
102	ciento dos	*ði·ęnto dos*
usw...		
200	doscientos	*dosði·ęntos*
300	trescientos	*tresði·ęntos*
400	cuatrocientos	*ku·ątroði·ęntos*
500	quinientos	*kini·ęntos*
600	seiscientos	*sę·isði·ęntos*
700	setecientos	*sęteði·ęntos*
800	ochocientos	*otschoði·ęntos*
900	nuevecientos	*nu·ęweði·ęntos*
1 000	mil	*mil*
2 000	dos mil	*dos mil*
usw.		
10 000	diez mil	*di·ęð mil*

100 000	cien mil	*ði·ęn mil*
1 000 000	un millón	*un miljon*

Die Zahlen passen sich dem Geschlecht an. Beispiel:

<u>un</u> billete de 1000 pesetas = Ein 1000 Pesetas-Schein.

<u>un</u> café = ein Café

¿Qué número tiene? - <u>Uno</u> = Welche Nummer haben Sie? - Eins

¿Cuántas personas son? - <u>Una</u> = Wieviel Personen sind es? - Eine

Doscient<u>os</u> marcos = zweihundert Mark

Doscient<u>as</u> pesetas = zweihundert Peseten

Weitere Zahlwörter

Ordnungszahlen:

1.	primero/ primera	*primero/ primera*
2.	segundo/ segunda	*segundo/ segunda*
3.	tercero/ tercera	*terðero/ terðera*
4.	cuarto/ cuarta	*ku·ạrto/ ku·ạrta*
5.	quinto/ quinta	*kinto/ kinta*
6.	sexto/ sexta	*sesto/ sesta*
7.	séptimo/ séptima	*septimo/ septima*
8.	octavo/ octava	*oktawo/ oktawa*
9.	noveno/ novena	*noweno/ nowena*
10.	décimo/ decima	*deðimo/ deðima*
11.	undécimo/ a	*undeðimo/ a*
12.	duodécimo/ a	*duodeðimo/ a*
13.	décimotercero/ a	*deðimoterðero/ a*
14.	décimocuarto/ a	*deðimoku·ạrto/ a*
15.	décimoquinto/ a	*deðimokinto/ a*
16.	décimosexto/ a	*deðimosesto/ a*
17.	décimoséptimo/ a	*deðimoseptimo/ a*
18.	décimooctavo/ a	*deðimooktawo/ a*
19.	décimonoveno/ a	*deðimonoweno/ a*
20.	vigésimo/ a	*wiðesimo/ a*

In der Umgangssprache werden Ordnungszahlen nur von 1 bis 10 benutzt. Die Form wird dem Geschlecht des nachfolgenden Substantivs angepaßt. Beispiel: *segundo piso* oder *segunda planta*. Folgt auf *primero* und *tercero* ein männliches Substantiv entfällt das „o". Beispiel: *primer piso, tercer piso*.

einmal	una vez	*una weð*
zweimal	dos veces	*dos weðes*
dreimal	tres veces	*tres weðes*
hundertmal	cien veces	*ði·en veðes*
tausendmal	mil veces	*mil weðes*

Maße und Gewichte (mit Abkürzungen)

Gramm	gramo (g)	*gramo*
Kilo	kilo (kg)	*kilo*
Liter	litro (l)	*litro*
Pfund	libra (lb) (wird nur noch selten verwendet)	*libra*
Zentimeter	centímetro (cm)	*ðentimetro*
Meter	metro (m.)	*metro*
Kilometer	kilómetro (km)	*kilometro*
Dutzend	docena	*doðena*

Landes-Währung

1 Pesete	una peseta (Pta.)	*una peseta*
2 Peseten	dos pesetas (Ptas.)	*dos pesetas*
10 Peseten	diez pesetas (Ptas.)	*di·eð pesetas*

Münzen und Banknoten

> *i* Im Umlauf sind 1-, 2-, 5-, 25-, 50- und 100-Pesetas-Münzen. Die 5-Ptas-Münze wird *duro* genannt, die 25-Ptas-Münze *cinco duros*. Außerdem gibt es noch 200- und 500-Ptas-Münzen. An Banknoten kursieren Scheine zu 200, 500, 1000, 2000, 5000 und 10 000 Pesetas.

Zeit und Uhrzeit

Es ist ein, zwei ... Uhr	Es la una, son las dos..	*es la una, son las dos..*
Es ist halb eins, zwei ... Uhr	Son las doce y media, es la una y media ...	*son las doðe i media, es la una i media ...*
Es ist viertel vor ...	Son las ... menos cuarto	*son las .. menos ku·arto.*
Es ist viertel nach ...	Son las ... y cuarto	*son las ... i ku·arto.*

Es ist drei Minuten vor ...	Son las .. menos tres minutos	*son las .. menos tres minutos.*
Es ist drei Minuten nach ...	Son las ... y tres minutos	*son las ... i tres minutos.*
Nachmittag(s)	(por) la tarde	*(por) la tarde*
Vormittag(s)	(por) la mañana	*(por) la manjana*
Mittag(s)	(al) mediodía	*(al) mediodi̯a*
Abend(s)	(por) la tarde	*(por) la tarde*
Nacht(s)	(por) la noche	*(por) la notsche*
den ganzen Tag lang	todo el día	*todo el di̯a*
tagsüber	durante el día	*durante el di̯a*
gestern	ayer	*ajer*
heute	hoy	*o̯·i*
morgen	mañana	*manjana*
übermorgen	pasado mañana	*pasado manjana*
heute morgen	esta mañana	*esta manjana*
heute abend	esta tarde	*esta tarde*
morgen abend	mañana por la tarde	*manjana por la tarde*
diese Woche	esta semana	*esta semana*
nächste Woche	la semana próxima	*la semana pro̯gsima*

Das Jahr, die Monate und die Woche

Jahr	año	*anjo*
Frühjahr	primavera (f.)	*primawera*
Sommer	verano (m.)	*werano*
Herbst	otoño (m.)	*otonjo*
Winter	invierno (m.)	*inwierno*
Januar	enero (m.)	*enero*
Februar	febrero (m.)	*febrero*
März	marzo (m.)	*marð o*
April	avril (m.)	*a̯wril*
Mai	mayo (m.)	*majo*
Juni	junio (m.)	*chunio*
Juli	julio (m.)	*chulio*
August	agosto (m.)	*agosto*
September	septiembre (m.)	*septi·embre*

Oktober	octubre (m.)	*oktubre*
November	noviembre (m.)	*nowi·embre*
Dezember	diciembre (m.)	*diði·embre*
Woche	semana (f.)	*semana*
Montag	lunes (m.)	*lunes*
Dienstag	martes (m.)	*martes*
Mittwoch	miércoles (m.)	*mi·erkoles*
Donnerstag	jueves (m.)	*chu·ewes*
Freitag	viernes (m.)	*wi·ernes*
Samstag/ Sonnabend	sábado (m.)	*sabado*
Sonntag	domingo (m.)	*domingo*
Feiertag	día (m.) festivo	*dia festiwo*
Neujahr	año (m.) nuevo	*anjo nuewo*
Karneval	carnaval (m.)	*karnawal*
Karfreitag	viernes (m.) santo	*wi·ernes santo*
Ostern	pascua (f.)	*paskua*
Pfingsten	segunda pascua (f.), pentescostés (m.)	*segunda paskua, pentes-kostes*
Weihnachten	navidad (f.)	*nawidad*
Hauptfeier einer Ort-schaft	fiesta (f.) mayor	*fi·esta major*
Allerheiligen	todos los santos	*todos los santos*

Wie gibt man das Datum an?

| Montag, den 23. Oktober 1989 | lunes, el 23 de octubre de 1989 | *lunes el ve·intitres de oktubre de mil nu·ewe ðien-tos otschenta i nuewe.* |

Gesetzliche Feiertage in Spanien

> *i* Arbeitsfreie Tage sind der 1. und 6. Januar (Hl. Drei Könige), 19. März (Josephstag), Gründonnerstag ab mittags, Karfreitag, Ostermontag nur in manchen Provinzen, der 1. Mai (Tag der Arbeit), Himmelfahrt, Pfingsten, Fronleichnam *(día del Corpus),,* 24. Juni (Namenstag des Königs), 29. Juni (Peter und Paul), 25. Juli (Jakobstag), 15. August (Mariä Himmelfahrt), 12. Oktober (*día de la hispanidad, Tag der Entdeckung Amerikas), 1. November, 8. Dezember (Mariä Empfängnis), 25. Dezember.*

Wichtige Abkürzungen

a.J. = antes de Jesucristo = v. Chr.

Avda. = für Avenida = Allee

C.P. = Codigo Postal = Postleitzahl

C/ = Calle = Straße

CEE = Comunidad Económica Europea = Europäische Wirtschaftsgemeinschaft

Cía. = Companía = Firma

dro. = derecho = rechts

E = España = Spanien

etc. = etcétera = usw.

gral. = general = allgemein

i.e. = id est = d.h.

íd. = ídem = dasselbe

IVA = Mehrwertsteuer

izq. = izquierda = links

núm. = número = Nummer

ONCE = Organización Nacional de Ciegos de España = Spanische Blindenorganisation

OTAN = Organización del Tratado del Atlántico Norte = NATO

pral. = principal = Stockwerk zwischen Erdgeschoß und 1. Stock

RACE = Real Automóvil Club de España = Spanischer Automobilclub

RENFE = Red Nacional de Ferrocarriles Españoles = Spanisches Eisenbahnnetz

RNE = Radio Nacional Española = Staatliches spanisches Radio

s/ n = sin número = ohne Hausnummer

Sr. = Señor = Herr

Sra. = Señora = Frau

Srta. = Señorita = Fräulein

I VE = Televisión Española = Staatliches spanisches Fernsehen

Farben

beige	beige	*be·iche*
blau	azul	*aðul*
braun	marrón	*marron*

dunkel	oscuro	*oskuro*
gelb	amarillo	*amariljo*
grau	gris	*gris*
grün	verde	*werde*
hell	claro	*klaro*
lila	lila	*lila*
orange	(color) naranja	*(kolor) narancha*
rosa	rosa	*rosa*
rot	rojo	*rocho*
schwarz	negro	*negro*
weiß	blanco	*blanko*
bunt	multicolor	*multikolor*
kariert	de cuadros	*de ku·adros*
gestreift	rayado	*rajado*
mit Punkten	de lunares	*de lunares*
farbig	de color	*de kolor*

Das Wetter

Wetterbericht	informe (m.) meteoro-lógico	*informe meteorologiko*
Heute ist schönes/ schlechtes Wetter.	Hoy hace buen/ mal tiempo.	*o·i haðe bu·en/ mal ti·em-po.*
Es soll besser/ schlechter werden.	Dicen que hará mejor/ peor	*diðen ke ara mechor/ peor.*
Warm/kalt	caliente/ frio	*kali·ente/ frio*
Sonne/Regen	sol (m.)/ lluvia (f.)	*sol/ ljuwia*
Schnee/Graupel/Niesel	nieve (f.)/ granizo (m.)/ llovizna (f.)	*ni·ewe/ graniðo/ ljowiðna*
Nebel/Dunst	niebla (f.)/ neblina (f.)	*ni·ebla/ neblina*
starker/schwacher Wind	viento (m.) fuerte/ débil	*vi·ento fu·erte/ debil*
Norden/Süden	norte (m.)/ sur (m.)	*norte/ sur*
Osten/Westen	este (m.)/ oeste (m.)	*este/ oeste*
Sturm/Gewitter	borrasca (f.)/ tormenta (f.)	*borraska/ tormenta*
bedeckt/heiter	cubierto/ despejado	*kubi·erto/ despechado*

sonnige Abschnitte	intervalos (m.pl.) solea-dos	*interwalos soleados*
Kalt-/ Warmfront	frente (m.) frio/ cálido	*frente frio/ k_a_lido*
Hoch-/ Tiefdruckgebiet	anticiclón (m.)/ zona (f.) de depresión baro-métrica	*antiðiklo_n_/ ðona de depresio_n_ barom_e_trika*
wechselhaft	variable	*variable*
Ebbe/ Flut	marea (f.) baja/ marea alta	*marea bacha/ marea alta*
Tidenhub	expansión (f.) de la marea	*espansio_n_ de la marea*
Springflut	marea (f.) viva	*marea wiwa*
Temperaturen	temperaturas (f.pl.)	*temperaturas*
Grad Celsius	grado (m.) centígrado	*grado ðent_i_grado*

Kurzknigge

Wie bei uns gibt man sich in Spanien zur Begrüßung die Hand, wenn es sich um kleine Gesprächsrunden handelt. In größeren Runden und bei Personen, mit denen man nicht unbedingt in näheren Gesprächskontakt tritt, sondern die man nur im Vorbeigehen grüßt, wird das Händeschütteln jedoch oft unterlassen.

Im privaten Bereich begrüßen sich Männer und Frauen sowie Frauen untereinander oftmals bereits beim ersten oder ab dem zweiten Zusammentreffen durch zwei leichte Küsse auf die Wange, Männer klopfen sich dagegen mehr oder weniger stark auf die Schulter.

Große Unterschiede bestehen in Bezug auf Tischsitten und Eßgewohnheiten. Restaurantbesucher sollten auf den Oberkellner warten, der den Gästen einen Platz zuweist. Weder im Café noch im Restaurant ist es üblich, sich zu Fremden an den Tisch zu setzen.

Getrennte Rechnungen sind in Spanien nicht üblich. Man verlange deshalb die Gesamtrechnung und wird sich hinterher einig.

Spanier gehen sehr großzügig mit Angeboten und Einladungen um. Meistens handelt es sich jedoch nur um Redensarten, und die Aufforderung „schauen Sie doch bei uns vorbei" oder „unser Haus ist ihr Haus" ist nicht in jedem Fall ernst zu nehmen.

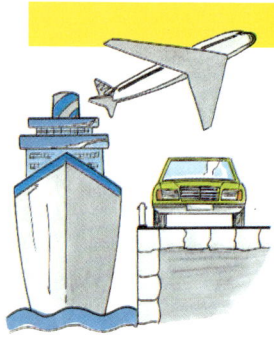

Reise und Fortbewegung

Auf spanischen Straßen gelten folgende Geschwindigkeitsbeschränkungen: 60 km/h in geschlossenen Ortschaften, 90 km/h auf Landstraßen und 120 km/h auf Autobahnen.

Mit dem Auto

Wege und Straßen

Autobahn	autopista (f.)	a·utopista
Schnellstraße	autovía (f.)	a·utowia
einspurig	de una sola vía	de una sola wia
zweispurig	de doble vía	de doble wia
vierspurig	de cuatro vías	de kwatro wias
Straße (im Ort)	calle (f.)	kalje
Landstraße	carretera (f.)	karretera
(Feld-)Weg	camino (m.)	kamino
(un)geteert	sin asfaltar/ asfaltado	sin asfaltar/ asfaltado
Piste	pista (f.)	pista
Ausweichstelle	apartadero (m.)	apartadero
Gegenverkehr	circulación (f.) en sentido opuesto	ðirkulacion en sentido opu·esto
Einbahnstraße	calle (f.) de dirección única	kalje de direksion unika
Kreisverkehr	tráfico (m.) circular	trafiko ðirkular

„Wie komme ich nach ...?"

Entschuldigen Sie, wir haben eine Frage.	Disculpe, tenemos una pregunta.	diskulpe, tenemos una pregunta.
Wir wollen nach ...	Queremos ir a ...	keremos ir a...
Führt diese Straße nach ...	Esta calle lleva a...	esta kalje ljewa a...
Wie kommt man nach ...	Cómo se llega a ...	komo se ljega a...

Sie müssen umkehren.	Usted tiene que regresar.	*usted ti·ene ke regresar.*
Das ist die falsche Straße.	Esta no es la calle correcta.	*esta no es la kalje korrekta.*
Wie weit ist es ungefähr?	¿A qué distancia está más o menos?	*a ke distanðia esta mas o menos?*
Können Sie es uns auf der Karte zeigen?	¿Nos lo puede indicar en el mapa.	*nos lo pu·ede indikar en el mapa?*
Können Sie etwas langsamer sprechen?	¿Puede usted hablar un poco más despacio, por favor?	*pu·ede usted ablar un poko mas despaðio, por fawor?*
Bitte wiederholen Sie/ Bitte noch einmal	Puede usted repetir, por favor/ Otra vez, por favor.	*pu·ede usted repetir, por fawor/ otra weð, por fawor.*
Ich habe nicht verstanden	No he comprendido.	*no e komprendido.*
rechts	a la derecha	*a la deretscha*
links	a la izquierda	*a la iðki·erda*
geradeaus	todo recto	*todo rekto*
nach 500 m	después de 500 metros	*despu·es de kini·entos metros*
Kreuzung	cruce (m.)	*kruðe*
Ampel	semáforo (m.)	*semaforo*
Kurve	curva (f.)	*kurwa*
(nicht sehr) weit	lejos (no muy lejos)	*lechos (no mu·i lechos)*
nah	cerca	*ðerka*

Die wichtigsten Straßenschilder

Achtung	atención (f.)	*atenðion*
Anhänger	remolque (m.)	*remolke*
Ausfahrt	salida (f.)	*salida*
(Autobahn)gebühren	peaje (m.)	*peache*
Bahnübergang	paso a nivel (m.)	*paso a niwel*
Bauarbeiten	obras (f.pl.)	*obras*
Baustelle	trayecto (m.) en obras	*trajekto en obras*
Caravan	caravana (f.)	*karawana*
Durchfahrt verboten	prohibido el paso	*pro·ibido el paso*

Einbahnstraße	calle (f.) de dirección única	*kalje de direksion unika*
Einfahrt verboten	prohibido la entrada	*pro·ibido la entrada*
Eisglätte	peligro (m.) de hielo	*peligro de i·elo*
Engpaß	estrechamiento (m.)	*estretschami·ento*
Gefahr	peligro (m.)	*peligro*
Geschwindigkeitsbegrenzung	limitación (f.) de velocidad	*limitaðion de weloðidad*
Glatteis	superficie (f.) helada	*superfici·e elada*
Halteverbot	prohibición (f.) de estacionamiento	*pro·ibiðion de estaðionami·ento*
Langsam fahren	conducir moderadamente	*konduðir moderadamente*
LKW	camión (m.)	*kamion*
Motorrad	motocicleta (f.)	*motoðikleta*
nasse Fahrbahn	calzada (f.) mojada	*kalzada mochada*
Nicht überholen	no adelantar	*no adelantar*
Parkschein aus dem Automaten	ticket (m.)	*ticket*
Parkuhr	parcómetro (m.)	*parkometro*
Parkverbot	aparcamiento (m.) prohibido	*aparkami·ento pro·ibido*
PKW	coche (de turismo) (m.)	*kotsche de (turismo)*
Radarkontrolle	control (m.) de radar	*kontrol de radar*
rechts/ links anhalten	parar a la derecha/ a la izquierda	*parar a la deretscha/ a la iðki·erda*
sich rechts/ links halten	conservar su derecha/ izquierda	*konserwar su deretscha/ iðki·erda*
Rollsplitt	gravilla (f.)	*grawilja*
Schlaglöcher	baches (m.pl.)	*batsches*
Schlechte Wegstrecke	trayecto (m.) en mal estado	*trajekto en mal estado*
Schleudergefahr	firme (m.) deslizante	*firme desliðante*
Schule	escuela (f.)	*esku·ela*
Stopp	alto	*alto*
Umleitung	desvio (m.)	*deswio*
Vorsicht Zug	ciudado con el tren	*cu·idado kon el tren*

Wildwechsel	paso (m.) de animales sueltos	*paso de animales su·eltos*
Wohnmobil	autocaravana (f.), motorhome (m.)	*a·utokarawana, motorhome*

Tanken

Tankstelle	gasolinera (f.)	*gasolinera*
Wo ist die nächste Tankstelle?	¿Dónde se encuentra la gasolinera más próxima?	*donde se encu·entra la gasolinera mas progsima?*
Zapfsäule	surtidor (m.) de gasolina	*surtidor de gasolina*
Selbstbedienung	autoservicio (m.)	*autoserviðio*
Benzin	gasolina (f.)	*gasolina*
Diesel	gasoil (m.), diesel (m.)	*gaseul oder di·esel*
Super	super (m.)	*super*
bleifrei	sin plomo	*sin plomo*
Bitte volltanken!	lleno, por favor!	*ljeno, por fawor*
Tank	depósito (m.) de combustible	*deposito de kombustible*
Zapfhahn	grifo (m.) con racor	*grifo con rakor*
Tankschloß	cerradura (f.) del depósito	*ðerradura del deposito*
Quittung	recibo (m.)	*reðibo*
Autowaschanlage	tren (m.) de lavado	*tren de lawado*
Ölstand kontrollieren	verificar el aceite	*werifikar el aðe·ite*
Kühlwasser nachfüllen	reponer agua del radiador	*reponer agu·a del radiador*
Reifendruck	presión (f.) del neumático	*presion del ne·umatiko*

Eine Panne

Wo ist die nächste Autowerkstatt?	¿Dónde se encuentra el taller más próximo?	*donde se enkwentra el taljer mas progsimo?*
Das Auto springt nicht an.	El coche no arranca.	*el kotsche no arranka.*
Der Reifen hat keine Luft mehr.	El neumático ya no tiene aire.	*el ne·umatiko ja no tiene a·ire.*
vorne/ hinten	delante/ atrás	*delante/ atras*

rechts/ links	derecha/ izquierda	*deretscha/ iđki·g̱rda*
Der Motor läuft heiß.	El motor se calienta.	*el motor se kali·g̱nta*
Der Wagen verliert Öl.	El coche pierde aceite.	*el kotsche pi·g̱rde ađg̱·ite.*
Die Bremsen funktionieren nicht.	Los frenos no funcionan.	*los frenos no funđionan.*
Ich weiß nicht, woran es liegt.	No sé lo que puede ser.	*no se lo ke pu·g̱de ser.*
Die Batterie ist leer/ voll.	La batería está agotada/ cargada.	*la baterįa estạ agotada/ kargada.*
Vielleicht sind die Zündkerzen defekt.	Quizás las bujías estén deterioradas.	*kiđạs las buchįas estạn deterioradas.*
Der Auspuff ist defekt.	El escape está deteriorado.	*el eskape estạ deteriorado.*
Ich brauche ...	Necesito ...	*neđesito ...*
neue Reifen/ einen Reservereifen	nuevos neumáticos/ un neumático de repuesto	*nu·g̱wos ne·umạtikos/ un ne·umạtiko de repu·g̱sto*
Können Sie das reparieren?	¿Puede usted reparar esto?	*pu·g̱de usted reparar esto?*
Wie lange dauert es?	¿Cuánto tiempo va tardar?	*ku·ạnto ti·g̱mpo wa tardar?*
Wann kann ich das Auto abholen?	¿Cuándo puedo venir a buscar el coche?	*ku·ạndo pu·g̱do wenir a buskar el kotsche?*
Wann ist es fertig?	¿Cuándo está listo?	*ku·ạndo estạ listo?*
Haben Sie Ersatzteile da?	¿Tiene usted piezas de recambio aquí?	*ti·g̱ne usted pi·g̱đas de rekambio akį?*
Was kostet das?	¿Cuánto cuesta esto?	*ku·ạnto ku·g̱sta esto?*
Können Sie das Teil reparieren?	¿Puede usted reparar esta pieza?	*pu·g̱de usted reparar esta pi·g̱đa?*
Müssen Sie das Teil austauschen?	¿Tiene usted que cambiar esta pieza?	*ti·g̱ne usted ke kambiar esta pi·g̱đa?*

Wortliste Autoteile von A -Z

Abblendlicht	luz (f.) de cruce	*luđ de kruđe*
Abblendschalter	conmutador (m.) de luces	*konmutador de luđes*
Achslager	caja (f.) del eje	*cacha del eche*

Anlasser	arrancador (m.)	*arrankador*
Armaturenbrett	tablero (m.) de mandos	*tablero de mandos*
Auspuff	escape (m.)	*eskape*
Autoradio	autorradio (f.)	*a·utorradio*
Autotür	puerta (f.) del coche	*pu·erta del kotsche*
Außenspiegel	retrovisor (m.) exterior	*retrowisor esterior*
Batterie	batería (f.)	*batería*
Beifahrersitz	asiento (m.) del acompañante	*asi·ento del akompanjante*
Benzinstandsanzeiger	indicador (m.) del nivel de gasolina	*indikador del niwel de gasolina*
Blinker	intermitente (m.)	*intermitente*
Blinkschalter	interruptor (m.) de luz intermitente	*interruptor de luð intermitente*
Bremsbelag	pastilla (f.) de freno	*pastilja de freno*
Bremsflüssigkeit	liquido (m.) de freno	*likido de freno*
Bremspedal	pedal (m.) de freno	*pedal de freno*
elektrischer Drehzahlmesser	cuentarrevoluciones (m.) eléctrico	*ku·entarrewoluðiones elektriko*
Fahrersitz	asiento (m.) del conductor	*aði·ento del konduktor*
Fahrgestell	chasis (m.)	*tschasis*
Fahrwerk	mecanismo (m.) de traslación	*mekanismo de traslaðion*
Felge	llanta (f.)	*ljanta*
Fernlicht	luz (f.) larga	*luð larga*
Gas(pedal)	acelerador (m.)	*aðelerador*
Gebläse	ventilador (m.)	*wentilador*
Getriebe	cambio (m.) de velocidades	*kambio de weloðidades*
Getriebegehäuse	caja (f.) de cambios	*cacha de kambios*
Handbremse	freno (m.) de mano	*freno de mano*
Handschuhfach	guantera (f.)	*gu·antera*
Heckklappe	portón (m.) trasero	*porton trasero*
Heckscheibenheizung	cristal (m.) térmico	*kristal termico*
Heizung	calefacción (f.)	*kalefakðion*

Hinterradantrieb	tracción (f.) trasera	*trakðiọn trasera*
Innenrückspiegel	retrovisor interior	*retrowisor interior*
Karosserie	carrocería (f.)	*karroðerịa*
Kofferraum	maletero (m.)	*maletero*
Kontrolleuchte	lámpara (f.) piloto	*lạmpara piloto*
Kopfstütze	reposa (m.) cabeza	*reposa kabeða*
Kotflügel	aleta (f.)	*aleta (f.)*
Kühler	radiador (m.)	*radiador*
Kühlergrill	embellecedor (m.) del radiador	*embeljeðedor de radiador*
Kühlwasserleitung	manguera (f.) del agua del radiador	*mangera del agu·ạ*
Kupplung(spedal)	embrague (m.) (pedal de embrague)	*embragu·ẹ (pedal de embragu·ẹ)*
Kurbelwelle	eje (m.) de cigüeñal	*eche de ðigwenjal*
Lenkrad	volante (m.)	*wolante*
Lenkradschloß	cerradura (f.) del volante	*ðerradura del wolante*
Motorhaube	capó (m.)	*kapọ*
Nebellicht	faro (m.) antiniebla	*faro antini·ẹbla*
Nebelschlußleuchte	testigos (m.pl.) antiniebla	*testigos antini·ẹbla*
Nockenwelle	árbol (m.) de levas	*ạrbol de lewas*
Ölpumpe	bomba (f.) de aceite	*bomba de aðẹ·ite*
Ölwanne	cárter (m.) de aceite	*kạrter de aðẹ·ite*
Rad	rueda (f.)	*ru·ẹda*
Reifen	neumático (m.)	*nẹ·umạtiko*
Reserverad	rueda (f.) de repuesto	*ru·ẹda de repu·ẹsto*
Rückenlehne	respaldo (m.)	*respaldo*
Schalthebel	palanca (f.) de cambio	*palanka de kambio*
Scheibenwischer	limpiaparabrisas (m.)	*limpiaparabrisas*
Sicherung	fusible (m.)	*fusibles*
Standlicht	luz (f.) de posición	*luð de posiðiọn*
Stoßdämpfer	amortiguador (m.)	*armortigu·ạdor*
Stoßstange	parachoques (m.)	*paratschokes*
Tachometer	tacómetro (m.)	*takọmetro*

Tank	depósito (m.) de combustible	*depọsito de kombustible*
Tankeinfüllstutzen	moldura (f.) protectora del depósito	*moldura protektora del depọsito*
Tankentlüftung	ventilación (f.) del depósito	*wentilaðiọn del depọsito*
Türgriff	puño (m.) de puerta	*punjo de pu·ẹrta*
Türschloß	cerradura (f.)	*ðerradura*
Vergaser	carburador (m.)	*karburador*
Vorderradantrieb	tracción (f.) delantera	*trakðiọn delantera*
Warnlicht	intermitente (m.) de alarma	*intermitente de alarma*
Windschutzscheibe	parabrisas (m.)	*parabrisas*
Zündkerze	bujía (f.)	*buchị̃a*
Zündschloß	cerradura (f.) de contacto	*ðerradura de kontakto*
Zündung	encendido (m.)	*enðendido*

Wortliste Werkzeug von A - Z

Abschleppseil	cuerda (f.) de remolcar	*ku·ẹrda de remolkar*
Bohrer	taladro (m.)	*taladro*
Bohrmaschine	taladradora (f.)	*taladradora*
Draht	alambre (m.)	*alambre*
Druckluftmesser	medidor (m.) de presión	*medidor de presiọn*
Hammer	martillo (m.)	*martiljo*
Inbusschlussel	llave „allen" (f.)	*ljawe „allen"*
Kabel	cable (m.)	*kable*
Kreuzschlitzschraubenzieher	destornillador (m.) de cruz	*destorniljador de kruð*
Leim	cola (f.)	*kola*
Meißel	cincel (m.)	*ðinðel*
Mutter	tuerca (f.)	*tu·ẹrka*
Nagel	clavo (m.)	*klawo*
Niete	remache (m.)	*rematsche*
Pinsel	pincel (m.)	*pinðel*

Rohrzange	alicates (m.pl.) para tubos	*alikates para tubos*
Säge	sierra (f.)	*si·erra*
Schere	tijeras (f.pl.)	*ticheras*
Schlauch (Wasser-)	manguera (f.)	*mangera*
Schlauch (Gummi-)	tubo (m.) de goma	*tubo de goma*
Schleifpapier	papel (m.) de lija	*papel de licha*
Schraube	tornillo (m.)	*tornillo*
Schraubenschlüssel	llave (f.) para tuercas	*ljawe para tu·erkas*
Schraubenzieher	destornillador (m.)	*destorniljador*
Spachtel	espátula (f.)	*espatula*
Starthilfekabel	cable (m.) para puente eléctrico	*kable para pu·ente elektriko*
Ventil	válvula (f.)	*walwula*
Werkzeugkasten	caja (f.) de herramientas	*kacha de errami·entas*
Winkel	escuadra (f.)	*escu·adra*
Zange	tenazas (f.pl.)	*tenaðas*
Zollstock	metro (m.)	*metro*

Ein Unfall

Es ist ein Unfall passiert.	Ha occurido un accidente.	*a okurrido un akðidente.*
Wir hatten einen Unfall.	Hemos tenido un accidente	*emos tenido un akðidente.*
Es ist nur ein Blechschaden.	Solo son daños en la chapa.	*solo son danjos en la tschapa.*
Ich mußte bremsen.	He tenido que frenar.	*e tenido ke frenar.*
Er/ Sie ist zu dicht aufgefahren.	El/ ella konducía muy pegado a mí.	*el/ elja konduðia mui pegado a mi.*
Rufen Sie einen Krankenwagen/ die Polizei/ einen Arzt.	Llame una ambulancia/ la policía/ un médico.	*ljame una ambulanðia/ la poliðia/ un mediko.*
Ihren Führerschein bitte!	Su carnet (de conducir), por favor!	*su karnet (de konduðir), por fawor!*
Ihre Papiere bitte!	Sus documentos, por favor!	*sus dokumentos, por fawor!*

Haben Sie gesehen, was passiert ist.	¿Usted ha visto lo que occurió?	*usted a wisto lo ke okurrio̱?*
Können Sie als Zeuge aussagen?	¿Puede usted declarar como testigo?	*pu·e̱de usted deklarar komo testigo?*
Wir warten, bis die Polizei kommt.	Esperamos hasta que llegue la policía.	*esperamos asta ke ljege la poliði̱a.*
Es ist nicht so schlimm.	No es tan grave.	*no es tan grawe.*
Geben Sie mir Ihre Adresse, bitte.	Deme su dirección, por favor.	*deme su direkðio̱n, por fawor.*
Bei welcher Versicherung sind Sie?	¿Cuál es su seguro?	*ku·a̱l es su seguro?*

Wortliste Unfall

Arzt	médico (m.)	*me̱diko*
Hilfe	ayuda (f.)	*ajuda*
Polizei	policía (f.)	*poliði̱a*

Wo geht's lang? – Die Straßen in Spanien sind gut ausgeschildert

Rettungswagen	ambulancia (f.)	*ambulanðia*
Unfall	accidente (m.)	*akðidente*
Verbandskasten	botiquín (m.)	*botiki̱n*
Verletzte	heridos (m.pl.)	*eridos*

Ein Auto/ Motorrad mieten

Wo ist die nächste Au-tovermietung?	¿Dónde está la agencia de alquiler de coches más próxima?	*do̱nde esta̱ la achenðia de alkiler de kotsches mas pro̱gsima?*
Ich möchte ein Auto mieten.	Quisiera alquilar un coche.	*kisi-e̱ra alkilar un kotsche.*
Wie hoch ist der Mietpreis pro Woche/ pro Tag?	¿A cuánto sube el precio de alquiler por semana/ por día?	*a ku-a̱nto sube el preðio de alkiler por semana/ por di̱a?*
Haben Sie einen kleineren/ größeren Wagen?	¿Tiene un coche más pequeño/ más grande?	*ti-e̱ne un kotsche mas pekenjo/ mas grande?*
Formular ausfüllen	rellenar el formulario	*reljenar el formulario.*

Wortliste Auto-/ Motorradmiete

Allradantrieb	propulsión (f.) en to-das las ruedas	*propulsio̱n en todas las ru·e̱das*
Autovermietung	alquiler (m.) de coches	*alkiler de kotsches*
Führerschein	carnet (m.) de conducir	*karnet de konduðir*
Geländewagen	vehículo (m.) todo terreno	*wei̱kulo todo terreno*
Haftungsausschluß	exención (f.) de responsabilidad	*egsenðio̱n de responsabilidad*
Helm	casco (m.)	*kasko*
Kaution	fianza (f)	*fianða*
Kilometerpauschale	kilometraje (m.) global	*kilometrache global*
Kilometer (unbeschränkte -)	kilometraje ilimitado	*kilometrache ilimitado*
Kleinwagen	coche (m.) pequeño	*kotsche pekenjo*
Mietdauer	duración (f.) del alquiler	*duraðio̱n del alkiler*
Mofa	ciclomotor (m.)	*ðiklomotor*
Motorrad	motocicleta (f.)	*motoðikleta*

Motorroller	scooter (m.)	*skuter*
Schaden	daño (m.)	*danjo*
Vollkasko(versicherung)	(seguro) (m.) contra to-do riesgo	*(seguro) kontra todo ri·esgo*

Mit der Bahn

Bahnhof

Wo finde ich den Bahnhof?	¿Dónde encuentro la estación?	*donde enku·entro la esta-ðion?*
Wie weit ist es bis zum (Haupt-)Bahnhof?	¿A qué distancia se encuentra la estación (principal)?	*a ke distanðia se enku·en-tra la estaðion (prinði-pal)?*
Welcher Bus/ welche Straßenbahn fährt zum Bahnhof?	¿Qué autobús/ tranvía va hasta la estación (principal)?	*ke a·utobus/ tranwia wa asta la estaðion?*

Am Bahnhof

Wo kann ich eine Fahr-karte kaufen?	¿Dónde puedo com-prar un billete?	*donde pu·edo komprar un biljete?*
Eine Fahrkarte nach ..., bitte.	Un billete a ..., por fa-vor.	*un biljete a ..., por fawor.*
Was kostet die einfa-che Fahrt nach ...?	¿Cuánto cuesta ida so-lo a ..?	*ku·anto ku·esta ida solo a ...?*
hin und zurück	ida y vuelta	*ida i wu·elta*
eine Rückfahrkarte	un billete de ida y vuel-ta	*un biljete de ida i wu·elta*
Gibt es Ermäßigung für Studenten/ Senioren/ Kinder?	¿Hay una reducción para estudiantes/ ter-cera edad/ niños?	*ai una redukðion para es-tudiantes/ terðera edad/ ninjos?*
Ich möchte einen Sitz-platz reservieren.	Quisiera reservar un asiento.	*kisi·era reservar un asi·ento.*
Wann fährt der nächste Zug nach ...?	¿Cuándo sale el próxi-mo tren a ,,,?	*ku·ando sale el progsimo tren a ...?*
Ankunftszeit	hora (f.) de llegada	*ora de ljegada*
Abfahrtszeit	hora (f.) de salida	*ora de salida*
Auf welchem Bahnsteig fährt der Zug?	¿De qué anden sale el tren?	*de ke anden sale el tren?*
Wo kann ich mein Gepäck abgeben?	¿Dónde puedo dejar mi equipaje?	*donde pu·edo dechar mi ekipache?*

Ich möchte mein Fahrrad vorausschicken.	Quisiera enviar mi bicicleta con anticipación.	*kisi·era enwiar mi biðikleta kon antiðipaðion.*
Wie lange vorher muß ich mein Rad abgeben?	¿Con cuánto tiempo de antelación debo entregar mi bicicleta?	*¿kon ku·anto ti·empo de antelaðion debo entregar mi biðikleta?*
Ich möchte mein Gepäck abholen.	Vengo a buscar mi equipaje.	*wengo a buskar mi ekipache.*
Wo kann ich mein Gepäck abholen.	¿Dónde puedo retirar mi equipaje?	*donde pu·edo retirar mi ekipache?*
Kann ich meinen Rucksack kurz hier unterstellen?	¿Puedo dejar mi mochila aquí un momento?	*pu·edo dechar mi motschila aki un momento?*

Im Zug

Gang	pasillo (m.)	*pasiljo*
Abteil	compartimiento (m.)	*kompartimiento*
Wagen	vagón (m.)/ coche (m.)	*wagon/ kotsche*
Ist dieser Platz frei/ besetzt?	¿Está libre/ ocupado este asiento?	*esta libre/ okupado este asi·ento?*
Es ist alles besetzt	Todo está ocupado.	*todo esta okupado.*
Es zieht/ Es ist stickig.	Hay corriente de aire./ Es sofocante.	*ai korri·ente de a·ire./ es sofokante.*
Können Sie das Fenster schließen/ öffnen?	¿Puede usted cerrar/ abrir la ventana?	*pu·ede usted ðerrar/ abrir la wentana?*
Kann ich meinen Koffer/ Rucksack/ Tasche hierhin stellen?	¿Puedo poner mi maleta/ mochila/ bolsa aquí?	*pu·edo poner mi maleta/ motschila/ bolsa aki?*
Gepäcknetz	porta (m.) equipajes	*porta ekipaches*
Können Sie mir helfen, meinen Koffer hinauf zu heben?	¿Me puede usted ayudar a poner mi maleta arriba?	*me pu·ede usted ajudar a poner mi maleta arriba?*
Schaffner	interventor (m.)	*interwentor*
Fahrkartenkontrolle	control (m.) de billetes	*kontrol de biljetes*
Bitte die Fahrkarten	los billetes, por favor	*los biljetes, por fawor*
Haben Sie eine Platzkarte?	¿Tiene usted una reservación de asiento?	*ti·ene usted una reservaðion de asi·ento?*

Wortliste Zugfahren

Abfahrt	salida (f.)	*salida*
Abfahrtszeit	hora (f.) de salida	*ora de salida*
Abfall	basura (f.)	*basura*
Abteil	compartimiento (m.)	*kompartimiento*
Ankunft	llegada (f.)	*ljegada*
Ankunftszeit	hora (f.) de llegada	*ora de ljegada*
Aufzug	ascensor (m.)	*asðensor*
Auskunft	información (f.)	*informaðion*
Autoreisezug	autoexpreso (m.)	*a·utoespreso*
Bahnhofsrestaurant	restaurante (m.) de la estación	*restaurante de la esta-ðion*
Bahnsteig	andén	*anden*
besetzt	ocupado	*okupado*
Erste Klasse	primera clase (f.)	*primera klase*

Expresszug	expreso (m.)	*espreso*
Fahrkarte	billete (m.)	*biljete*
Fahrkartenkontrolle	control (m.) de billetes	*kontrol de biljetes*
Fahrplan	horario (m.)	*orario*
Fensterplatz	asiento (m.) de ventana	*asi·ento de wentana*
frei	libre	*libre*
Gang	pasillo (m.)	*pasiljo*
Gepäck-Schließfach	consigna (f.)	*konsigna*
Gepäcknetz	porta (m.) equipajes	*porta ekipaches*
Gepäckschalter	ventanilla (f.) de equipajes	*wentanilja de ekipaches*
Großraumwagen	vagón (m.) sin compartimientos	*wagón sin kompartimi·entos*
Information	información (f.)	*informaðion*
Liegewagen	coche (m.) de literas	*kotsche de literas*
Mitte	medio	*medio*
Nahverkehrszug	tren (m.) de cercanías	*tren de ðerkanias*
Nichtraucher	no fumador	*no fumador*
Notbremse	freno (m.) de alarma	*freno de alarma*
Raucher	fumador	*fumador*
Rolltreppen	escaleras (f.) mecánicas	*eskaleras mekanikas*
Schaffner	interventor (m.)	*interwentor*
Schienenbus	ferrobús (m.)	*ferrobus*
Schlafwagen	coche (m.) cama	*kotsche kama*
Schnellzug	rápido (m.)	*rapido*
Speisewagen	coche (m.) restaurante	*kotsche restaurante*
Toilette	lavabo (m.)	*lavabo*
Treppen	escaleras (f.pl.)	*eskaleras*
Wagen	vagón (m.)/ coche (m.)	*wagon/ kotsche*
Wagennummer	número (m.) de coche	*numero de kotsche*
Wartesaal	sala (f.) de espera	*sala de espera*
Waschraum	aseo (f.)	*aseo*
Zweite Klasse	segunda clase (f.)	*segunda klase*

Mit dem Bus

Wo ist der Busbahnhof/ die Bushaltestelle?	¿Dónde está la terminal de autobuses/ la parada de autobuses?	*donde esta la terminal de a·utobuses/ la parada de a·utobuses?*
Wo kaufe ich die Fahrkarten?	¿Dónde compro el billete?	*donde kompro el biljete?*
Welcher Bus/ welche Buslinie fährt nach ...?	¿Qué autobús/ qué linea va a ...?	*ke a·utobus/ ke linea wa a ...?*
Halten Sie in/ an der Station ...?	¿Usted para en/ en la parada de ..?	*usted para en/ en la parada de ...?*
Wie lange dauert die Fahrt?	¿Cuánto tiempo dura el viaje?	*ku·anto ti·empo dura el wiache?*
Was kostet die Fahrkarte?	¿Cuánto cuesta el billete?	*ku·anto ku·esta el biljete?*
Muß ich sie selbst entwerten?	¿Debo perforarlo yo mismo?	*debo perforarlo jo mismo?*
Expressbus	autobus (m.) expreso	*a·utobus espreso*
Haltestelle	parada (f.)	*parada*
Stadtbus	autobús (m.) municipal	*autobus muniðipal*
Überlandbus	autobús (m.) interurbano	*a·utobus interurbano*
Mehrfachfahrkarten	bonobús (m.)/ tarjeta (f.) de .. viajes	*bonobus/ tarcheta de .. viaches*

Mit dem Flugzeug

Ich möchte einen Flug buchen.	Quisiera reservar un vuelo.	*kisi·era reservar un wu·elo.*
Wann geht ein Flug nach .../ Richtung ...	Cuándo sale un vuelo a ../ en dirección a ..	*ku·ando sale un wu·elo a../ en direkðion a...*
Wieviel kostet der Hin-/ der Hin- und Rückflug?	¿Cuánto cuesta un billete de ida/ de ida y vuelta?	*ku·anto ku·esta un biljete de ida/ de ida i wu·elta?*
Wann startet/ landet die Maschine?	¿Cuándo sale/ llega el vuelo?	*ku·ando sale/ ljega el wu·elo?*
Wann muß ich am Flughafen sein?	¿Cuándo tengo que estar en el aeropuerto?	*ku·ando tengo ke estar en el aeropu·erto?*
Wie lautet die Flugnummer?	¿Qué número tiene el vuelo?	*ke numero ti·ene el wu·elo?*

Hat die Maschine Verspätung?	¿Tiene el vuelo retraso?	*ti·ene el wu·elo retraso?*
Wieviel Verspätung hat die Maschine?	¿Cuánto retraso tiene el vuelo?	*ku·anto retraso ti·ene el wu·elo?*
Habe ich Anschluß nach ...?	¿Tengo una conexión a ..?	*tengo una konegsion a ...?*
Ich möchte weiterfliegen nach ...	Quiero seguir a.. , quiero un vuelo de conexión a...	*ki·ero segir a..., ki·ero un wu·elo de konegsion a...?*
Wo ist die Gepäckabfertigung?	¿Dónde está la facturación?	*donde esta la facturaðion?*
Ich möchte diesen Flug bestätigen lassen.	Quisiera reconfirmar este vuelo.	*kisi·era rekonfirmar este wu·elo.*

Wortliste Fliegen

Anschlußflug	vuelo (m.) de conexión	*wu·elo de konegsion*
Ausgang/ Gate	puerta (f.), salida (f.)	*pu·erta, salida*
Buchung	reservación (f.)	*reservaðion*
Flughafen	aeropuerto (f.)	*aeropu·erto*
Flugnummer	número de vuelo (f.)	*numero de wu·elo*
Flugsteig	sala de embarque (f.), salida (f.)	*sala de embarke, salida*
Hinflug	vuelo (f.) de ida	*wu·elo de ida*
Reservierung	reservación (f.)	*reservaðion*
Rückflug	vuelo (m.) de regreso	*wu·elo de regreso*
Verspätung	retraso (m.)	*retraso*

Mit dem Schiff

Wann fährt die nächste Fähre/ das nächste Schiff nach ...?	¿Cuándo sale el próximo transbordador/ barco a....	*ku·ando sale el progsimo transbordador/ barko a...*
Wo legt die Fähre/ das Schiff ab?	¿De dónde sale el transbordador/ el barco?	*de donde sale el transbordador/ el barko?*
Wie lange dauert die Überfahrt?	¿Cuánto tiempo dura la travesía	*ku·anto ti·empo dura la travesia?*

Wieviel kostet die Über-fahrt?	¿Cuánto cuesta la tra-vesía?	*ku·ạnto ku·ẹsta la trave-sịa?*
einfach/ hin und zurück	ida solo/ ida y vuelta	*ida solo/ ida i wu·ẹlta*
Deckspassage	pasaje (m.) de cubier-ta/ de butaca	*pasache de kubi·ẹrta/ de butaka*
Einzelkabine	camarote (m.) indivi-dual	*kamarote indiwidual*
(Zweibett-)Kabine	camarote (m.) doble	*kamarote doble*
Schiff	barco (m.)	*barko*
Überfahrt	travesía (f.)	*trawesịa*

Mit dem Fahrrad

Kann ich mein Fahrrad mit der Bahn transpor-tieren lassen?	¿Puedo hacer trans-portar mi bicicleta por tren?	*pu·ẹdo aðer transportar mi biðikleta por tren?*

Auch Madrid hat seine Metro

Wieviel kostet eine Fahrradkarte?	¿Cuánto cuesta el billete de bicicleta?	*ku·anto ku·esta el biljete de biðikleta?*
Achse	eje (m.)	*eche*
Bowdenzug	tracción "Bowden" (f.)	*traksion "bowden"*
Bremsschuhe	zapata (f.) de freno	*ðapata de freno*
Dreigangrad	bicicleta (f.) de tres velocidades	*biðikleta de tres weloðidades*
Fahrradfahrer	ciclista (m.)	*ðiklista*
Fahrradweg	vía (f.) ciclista	*wia ðiklista*
Felge	llanta (f.)	*ljanta*
Felgen-Bremse	freno (f.) sobre la llanta	*freno sobre la ljanta*
Flickzeug	bote (m.) de parches	*bote de partsches*
Gabel	horquilla (f.)	*orkilja*
Gangschaltung	cambio (m.) de velocidades	*kambio de weloðidades*
Gepäckträger	porta (m.) equipajes	*porta ekipaches*
Hammer	martillo (m.)	*martiljo*
Hinterrad	rueda (f.) trasera	*ru·eda trasera*
Inbusschlüssel	llave (f.) "allen"	*ljawe "allen"*
Kabel	cable (m.)	*kable*
Kette	cadena (f.)	*kadena*
Kettenfett	grasa (f.) para cadenas	*grasa para kadenas*
Klebeband	cinta (f.) adhesiva	*ðinta adesiwa*
Klingel	timbre (m.)	*timbre*
Kreuzschlitzschraubenzieher	destornillador (m.) de cruz	*destorniljador de kruð*
Kugellager	rodamiento (m.) de bolas	*rodami·ento de bolas*
Lenker	manillar (m.)	*maniljar*
Luftpumpe	bomba (f.) para neumáticos	*bomba par ne·umatikos*
Mantel	cubierta (f.) de neumático	*kubi·erta de ne·umatikos*
Mutter	tuerca (f.)	*tu·erka*
Nabe	cubo (m.)	*kubo*
Nähmaschinenöl	aceite (m.) para máquinas de coser	*aðe·ite para makinas de koser*

Nieten	remaches (m.pl.)	*rematsches*
Packriemen	correa (f.) para equipaje	*korrea para ekipache*
Packtasche	alforjas (f.pl.)	*alforchas*
Pedale	pedal (m.)	*pedal*
Plattfuß	reventón (m.) del neumático	*rewenton del ne·umatiko*
Rahmen	cuadro (m.)	*ku·adro*
Reflektor	reflector (m.)	*reflektor*
Regencape	capa (f.) para la lluvia	*kapa para la ljuwia*
Rücklicht	luz (f.) trasera	*luð trasera*
Rücktritt	contrapedal (m.)	*kontrapedal*
Rücktrittbremse	freno (m.) de contrapedal	*freno de kontrapedal*
Sattel	sillín (m.)	*siljin*
Schlauch	cámara (f.) de aire	*kamara de a·ire*
Schraube	tornillo (m.)	*torniljo*
Schraubenschlüssel	llave (f.) para tuercas	*ljawe para tu·erkas*
Schraubenzieher	destornillador (m.)	*destorniljador*
Schutzblech	parafango (m.)	*parafango*
Speichen	rayos (m.pl.)	*rajos*
Ständer	soporte (m.) para bicicletas	*soporte para biðikletas*
Tretlager	cojinete (m.) de la biela	*kochinete de la bi·ela*
Unterlegscheibe	arandela (f.)	*arandela*
Ventil	válvula (f.)	*walwula*
Vorderlicht	luz (f.) delantera	*luð delantera*
Vorderrad	rueda (f.) delantera	*ru·eda delantera*
Zehngangrad	bicicleta (f.) de diez velocidades	*biðikleta de di·eð weloðidades*

Unterkunft

In Spanien werden fünf Hotelkategorien nach Sternen unterschieden. Die Häuser werden nach der Gesamt-Ausstattung z. B. mit Aufzügen oder sanitären Einrichtungen eingestuft.

Daneben gibt es in Spanien auch *hostals* (HS), kleinere Herbergen, die nach einer eigenen Klassifizierung 1-3 Sterne besitzen können. Mit der Abkürzung CH *(casa de huéspedes)* und F *(fonda)* werden einfache Unterkünfte bezeichnet.

Ein besonderes Erlebnis kann die Übernachtung in einem *parador* sein, ein historisch und architektonisch bedeutendes Gebäude, in dem wie in Hotels Zimmer angeboten werden. Die *paradores* befinden sich in staatlicher Hand.

Hotel

Haben Sie noch Zimmer frei?	¿Le queda una habitación libre?	*le keda una abitaðion libre?*
Wir haben ein Zimmer reserviert/ geschrieben/ telefoniert	Hemos reservado una habitación/ Hemos escrito/ llamado para reservar una habitación.	*emos reserwado una abitaðion/ emos eskrito/ ljamado para reserwar una abitaðion.*
ein Doppelzimmer	una habitación (f.) doble	*una abitaðion doble*
für zwei Personen	para dos personas	*para dos personas*
mit einem Bett, mit zwei Betten	con una cama, con dos camas	*kon una kama, kon dos kamas*
mit Balkon	con balcón (m.)	*kon balkon*
ein Einzelzimmer	una habitación individual	*una abitaðion inidwidu·al*
ein Kinderbett	una cama de niño	*una kama de ninjo*
fließend heißes/ kaltes Wasser	agua corriente caliente/ fria	*agu·a korri·ente kali·ente/ fria*
Radio/ Telefon/ Fernsehen auf dem Zimmer	radio/ teléfono/ televisión en la habitación	*radio/ telefono/ telewision en la habitaðion*
für eine Nacht/ zwei Tage	para una noche/ dos noches	*para una notsche/ dos notsches*

Wieviel kostet das Zimmer?	¿Cuánto cuesta la habitación	*cu·anto ku·esta la abitaðion?*
Ich nehme das Zimmer.	Me quedo con la habitación.	*me kedo kon la abitaðion.*
Haben Sie noch ein anderes Zimmer?	¿Tiene otra habitación?	*ti·ene otra abitaðion.*
Ich überlege es noch einmal.	Me lo voy a pensar.	*me le vo·i a pensar.*
ruhig gelegen/ nach hinten	situación tranquila/ interior	*situaðion trankila/ interior*
laut/ zur Straße gelegen	ruidoso (ruidosa)/ hacia la calle	*ru·idoso (ru·idosa)/ acia la kalje*
eine Treppe tiefer	una escalera/ un piso mas abajo	*una eskalera/ un piso mas abacho*
Wo ist die Toilette/ die Dusche/ der Waschraum?	¿Dónde está el lavabo/ la ducha/ el cuarto de baño?	*donde esta el lavabo/ la dutscha/ el ku·arto de banjo?*

Durchaus keine Hotelwüste: Strand auf Ibiza

1./ 2./ 3. Stock	primer/ segundo/ tercer piso	*primer/ segundo/ terðer piso*
Der Wasserhahn tropft.	El grifo gotea.	*el grifo gotea*
Der Abfluß ist verstopft.	El desagüe está obstruido.	*el desagwä esta̱ obstru-i̱-do.*
Die Glühbirne ist kaputt.	La bombilla está fundida.	*la bombilja esta̱ fundida.*
Schalter/ Stecker/ Licht	interruptor (m.)/ clavija (f.)/ luz (f.)	*interruptor/ klawicha/ luð*
Ich möchte gern ein zusätzliches Kopfkissen/ eine Decke/ Handtücher	Quisiera una almohada/ una manta adicional/ toallas adicionales.	*kisi·e̱ra una almoada/ una manta adiðional/ toaljas adiðionales.*
Hier ist der Zimmerschlüssel.	Aquí está la llave de la habitación.	*aki̱ esta̱ la ljawe de la abitaðio̱n.*
Wenn Sie das Haus verlassen, geben Sie den Schlüssel an der Rezeption ab.	Cuando salga, deje la llave en recepción.	*ku·a̱ndo salga, deche la ljawe en reðepðio̱n.*
Ich habe meinen Schlüssel verloren.	He perdido mi llave.	*e perdido mi ljawe.*
Wir möchten auf dem Zimmer frühstücken.	Quisieramos desayunar en la habitación.	*kisi·e̱ramos desajunar en la abitaðio̱n.*
Ab wann gibt es Frühstück.	¿A partir de qué hora se sirve el desayuno?	*a partir de ke ora se sirwe el desajuno?*
Ich reise/ Wir reisen morgen um ... Uhr ab.	Me marcharé/ Nos marcharémos mañana a las ... horas.	*me martscharе̱/ nos martscharе̱mos manjana a las ... oras.*
Ich möchte die Rechnung, bitte.	Quisiera la factura, por favor.	*kisi·e̱ra la faktura, por fawor.*

Wortliste Unterkunft

Aufzug	ascensor (m.)	*asðensor*
Badezimmer	cuarto (m.) de baño	*ku·a̱rto de banjo*
Balkon	balcón (m.)	*balko̱n*
Bett	cama (f.)	*kama*
Decke	manta (f.)	*manta*
3.Stock	tercer piso (m.)	*terðer piso*

Dusche	ducha (f.)	*dutscha*
1.Stock	primer piso (m.)	*primer piso*
Fernsehgerät	televisión (f.)	*telewision*
Frühstück	desayuno (m.)	*desajuno*
Gepäck	equipaje (m.)	*ekipache*
Handtuch	toalla (f.)	*toalja*
Heizung	calefacción (f.)	*kalefakðion*
Kinderbett	cama (f.) de niño	*kama de ninjo*
Klimaanlage	climatización (f.)	*klimatiðaðion*
Kopfkissen	almohada (f.)	*almoada*
Radio	radio (f.)	*radio*
Reservierung	reservación (f.)	*reserwaðion*
Rezeption	recepción (f.)	*reðepðion*
Schlüssel	llave (f.)	*ljawe*
Telefon	teléfono (m.)	*teléfono*
Toilette	lavabo (m.)	*lavabo*
Waschraum	cuarto (m.) de banjo	*ku·arto de banjo*
Zimmermädchen	camarera (f.)	*kamarera*
2.Stock	segundo piso (m.)	*segundo piso*

Weitere Unterkunftsmöglichkeiten

Vermieten Sie Zimmer?	¿Usted alquila habitaciones?	*usted alkila abitaðiones?*
Privatzimmer	habitaciones en casas de particulares	*abitaðiones en kasas de particulares*
Jugendherberge	albergue de juventud	*alberge de ⊾huwentud*
Jugendherbergsausweis	carnet de albergue de juventud	*karnet de alberge de chuwentud*
Berechtigung zum Selbstkochen	derecho a cocina	*deretscho a koðina*
Küche	cocina	*koðina*
Schlafsaal	sala de dormir	*sala de dormir*
Mehrbettzimmer	habitación multiple	*abitaðion multiple*
Wir suchen einen Campingplatz.	Estamos buscando un camping.	*estamos buskando un camping.*

Was kostet ein Stell-platz?	¿Cuánto cuesta la pla-za?	*ku·anto ku·esta la plaða?*
Erwachsene/ Kinder	adultos/ niños	*adultos/ ninjos*
Wie lautet Ihr Autokenn-zeichen?	¿Cuál es su matrícula?	*ku·al es su matrikula?*
Haben Sie einen Cam-pingausweis?	¿Tiene usted un car-net de camping?	*ti·ene usted un karnet de camping?*
Wie lange bleiben Sie?	¿Cuánto tiempo se queda?	*ku·anto ti·empo se keda?*
Können wir hier/ auf Ihrem Grundstück zelten?	¿Podemos acampar aquí, dentro de su pro-priedad?	*podemos akampar aki, dentro de su propri·edad?*

Wortliste Camping

Abfluß	desagüe (m.)	*desagwä*
Abspülbecken	fregadero (m.)	*fregadero*
Auto	coche (m.)	*kotsche*
Batterien	pilas (f.pl.)	*pilas*
Besteck	cubiertos (m.pl.)	*kubiertos*
Campingausweis	carnet (m.) de camping	*karnet de camping*
Camping-Bus	autocaravana (f.)	*a·utokarawana*
Campingplatz	camping (m.)	*kamping*
Caravan	caravana (f.)	*karawana*
Dusche	ducha (f.)	*dutscha*
Erwachsene	adulto (m.)	*adulto*
Gaskartusche	cartucho (m.) de gas	*kartutscho de gas*
Geschirr	vajilla (f.)	*wachilja*
Hering	estaquilla (f.)	*estankilja*
Kinder	niños (m.pl.)	*ninjos*
Kocher	hornillo (m.)	* orniljo*
Kochstelle	lugar (m.) para cocinar	*lugar para koðinar*
Petroleum	petroleo (m.)	*petroleo*
Spiritus	alcohol (m.)	*alkohol*
Taschenlampe	linterna (f.) (de bolsillo)	*linterna (de bolsiljo)*
Toiletten	aseos (m.pl.)	*aseos*
Trinkwasser	agua (f.) potable	*agu·a potable*

Wäschetrockner	secadora (f.)	*sekadora*
Waschmaschine	lavadora (f.)	*lawadora*
Wasserkanister	bidón (m.) de agua	*bid<u>o</u>n de agu·<u>a</u>*
WC	vater (m.)	*water*
Wohnmobil/ Bus	autocaravana (f.), motorhome (m.)	*<u>a</u>·utokarawana, motorho-me*
Zelt	tienda (f.)	*ti·<u>e</u>nda*
Zeltstange	palo (m.) de tienda	*palo de ti·<u>e</u>nda*

Traditioneller Bauweise angepaßt: Ferienhausarchitektur auf den Balearen

Ämter, Banken, Telefonieren

Polizei

Es gibt zwei verschiedene Typen der Polizei in Spanien: die *guardia civil* und die *policia*.

Die Beamten der *guardia civil* tragen grüne Uniform und Lackhut und sind für den Grenzschutz, Verbrechensbekämpfung und Verkehrsdelikte zuständig.

Die *policia nacional* (braune Uniform) ist z. B. für verlorengegangene Brieftaschen und Diebstähle zuständig.

Die *policia municipal* trägt blau-weiße Uniformen und überwacht den Stadtverkehr.

Zoll/ Paßkontrolle

Haben Sie etwas zu verzollen?	¿Tiene usted algo que declarar?	*ti·ęne usted algo ke declarar?*
Ihren Ausweis/ Paß bitte.	Su documento de identidad/ su pasaporte, por favor.	*su dokumento de identidad/ su pasaporte, por favor.*
Wieviele Personen sind Sie?	¿Cuántas personas son?	*ku·ąntas personas son?*
Haben Sie ein Visum/ eine Versicherungskarte/ einen Impfpaß?	¿Tiene usted un visado/ un carnet de seguro/ un certificado de vacunación?	*ti·ęne usted un wisado/ un karnet de seguro/ un ðertifikado de wakunaðiǫn?*
Wo ist Ihr Nationalitätskennzeichen?	¿Dónde está su placa de nacionalidad?	*dǫnde estạ su plaka de naðionalidad?*
Öffnen Sie den Koffer.	Abre la maleta.	*abre la maleta*
Wohin fahren Sie?	¿A dónde se dirige usted?	*a dǫnde se diriche usted?*
Wie lange bleiben Sie?	¿Cuánto tiempo se queda?	*ku·ąnto ti·ęmpo se keda?*
Was machen Sie in ...?	¿Qué hace usted en ... ?	*ke aðe usted en ..?*
Ich mache Ferien.	Estoy de vacaciones.	*estǫ·i de wakaðiones.*

Papierkrieg

Füllen Sie dieses For-mular aus.	Rellene este formula-rio.	*reljene este formulario.*
Unterschreiben Sie hier.	Firme aquí.	*firme akį.*

Wortliste Papierkrieg

Alter	edad (f.)	*edad*
Ausstellungsdatum	fecha (f.) de emisión	*fetscha de emisiọn*
Ausstellungsort (des Passes)	lugar (m.) de emisión	*lugar de emisiọn*
Beruf	profesión (f.)	*profesiọn*
Datum	fecha (f.)	*fetscha*
Einreisedatum/ Ausrei-sedatum	fecha (f.) de entrada/ fecha de salida	*fetscha de entrada/ fets-cha de salida*
Formular	formulario (m.)	*formulario*
Gebühren	derechos (m.pl.)	*deretschos*
Geburtsdatum	fecha (f.) de nacimien-to	*fetscha de naðimi·ẹnto*
Geburtsname („Mäd-chenname")	apellido (m.) de soltera	*apeljido de soltera*
Geburtsort	lugar (m.) de nacimien-to	*lugar de naðimi·ẹnto*
Nachname	apellido (m.)	*apeljido*
Staatsangehörigkeit	nacionalidad (f.)	*naðionalidad*
Unterschrift	firma (f.)	*firma*
Vorname	nombre (m.)	*nombre*
Wohnort	domicilio (m.)	*domiðilio*

Geldangelegenheiten

Wo kann ich hier Geld wechseln?	¿Dónde puedo cam-biar dinero por aquí?	*dọnde pu·ẹdo kambiar di-nero por akị.*
Wo finde ich eine Bank/ Wechselstube?	¿Dónde encuentro un banco/ una casa de cambio?	*dọnde enku·ẹntro un ban-ko/ una kasa de kambio?*
Ich möchte 100 DM wechseln.	Quisiera cambiar 100 marcos.	*kisi·ẹra kambiar ði·ẹn markos.*

Wieviel ... bekomme ich für 100 DM?	¿Cuántos/ as... me da para 100 marcos?	*ku·antos(/ -as)... me da para ði·en markos.*
Nehmen Sie diese Kreditkarte/ Euroschecks?	¿Usted acepta esta tarjeta de credito/ estos eurocheques?	*usted aðepta esta tarcheta de kredito/ estos eurotschekes?*
Ich möchte einen Euroscheck einlösen.	Quisiera cambiar un eurocheque.	*kisi·era kambiar un eurotscheke.*
Wie hoch darf ich den Scheck höchstens ausstellen?	¿Por que suma máxima puedo emitir el cheque?	*por ke suma magsima pu·edo emitir el tscheke?*
Ich möchte 100 DM von meinem Postsparbuch abheben.	Quisiera retirar 100 marcos de mi libreta postal de ahorros.	*kisi·era retirar ði·en markos de mi libreta postal de aorros.*

Wortliste Geld

Bargeld	dinero en efectivo (m.)	*dinero en efektiwo*
Konto	cuenta (f.)	*ku·enta*
Kreditkarte	tarjeta de credito (f.)	*tarcheta de kredito*
Postsparbuch	libreta postal de ahorros (f.)	*libreta postal de aorros*
Postsparkasse	caja (f.) postal	*kacha postal*
Scheck	cheque (m.)	*tscheke*
Scheckgebühr	comisión (f.)/ recargo (m.) sobre un cheque	*komision/ rekargo sobre un tscheke*

Behördengänge

Wo ist das nächste Polizeirevier?	¿Dónde se encuentra la comisaría más próxima?	*donde se enku·entra la komisaria mas progsima?*
Mein Paß ist verschwunden.	Mi pasaporte ha desaparecido.	*mi pasaporte a desapareðido.*
Man hat mein Auto aufgebrochen.	Me han abierto mi coche.	*me an abi·erto mi kotsche.*
Mir ist die Handtasche/ der Paß/ die Scheckkarte gestohlen worden.	Me han robado el bolso/ el pasaporte/ la tarjeta de cheques.	*me an robado el bolso/ el pasaporte/ la tarcheta de tschekes.*

Die Schecks sind mir gestohlen worden.	Me han robado los cheques.	*me an robado los tschekes.*
Ich habe meine Schecks/ die Scheckkarte/ den Paß verloren.	He perdido mis cheques/ la tarjeta de cheques/ el pasaporte.	*e perdido mis tschekes/ la tarcheta de tschekes/ el pasaporte.*
Ich möchte Anzeige erstatten.	Quiesiera hacer una denuncia.	*kisi·era aðer una denunðia.*
Können Sie ein Protokoll aufnehmen?	¿Puede usted levantar acta?	*pu·ede usted lewantar akta?*
Wo finde ich das deutsche/ österreichische/ Schweizer Konsulat?	¿Dónde encuentro el consulado alemán/ austríaco/ suizo?	*donde enku·entro el konsulado aleman/ a·ustriako/ su·iðo?*
Wo finde ich die deutsche/ österreichische/ Schweizer Botschaft?	¿Dónde encuentro la embajada alemana/ austríaca/ suiza.	*donde enku·entro la embachada alemana/ a·ustriaka/ su·iða?*

Telefonieren

Wie telefoniert man in Spanien?

> *i* Von jeder Telefonzelle, die mit der Aufschrift *internacionales* versehen ist, kann man ins Ausland telefonieren. Man benötigt dafür zumindest 25- oder besser 100-Ptas.-Münzen. Ab 100 Ptas. erhält man eine Verbindung ins Ausland.
> Die Vorwahl für Auslandsgespräche ist 07. Nach dem Wählen der 07 muß man einen Wählton abwarten, bevor man mit dem Wählen fortfährt. Die Durchwahl für die Bundesrepublik ist 07-49, für die Schweiz 07-43 und für Österreich 07-41.

Wo ist die nächste Telefonzelle?	¿Dónde se encuentra la cabina de teléfono más próxima?	*donde se enku·entra la kabina de telefono mas prosima?*
Konnen Sie mir dac in Kleingeld wechseln?	¿Me puede dar cambio?	*me pu·ede dar kambio?*
Darf ich Ihr Telefon benutzen?	¿Puedo utilizar su teléfono?	*pu·edo utiliðar su telefono.*
Ich möchte nach Deutschland/ Österreich/ Schweiz telefonieren.	Quisiera llamar a Alemania/ Austria/ Suiza.	*kisi·era ljamar a alemania/ austria/ suiða.*

Welche Kabine ?	¿Qué cabina?	*ke kabina?*
Kann ich direkt wählen?	¿Puedo marcar directamente?	*pu·e̱do markar direktamente?*
Ich möchte ein R-Gespräch führen.	Quiesiera hacer una llamada a cobro revertido.	*kisi·e̱ra ađer una ljamada a kobro rewertido.*
Mein Name ist ...	Mi nombre es ...	*mi nombre es ...*
Kann ich Herrn/ Frau ... sprechen?	¿Puedo hablar con Señor/ Señora ..?	*pu·e̱do ablar kon senjor/ senjora...?*
Mit wem spreche ich bitte?	¿Con quién hablo, por favor?	*kon ki·e̱n ablo, por fawor?*
... ist nicht zu Hause.	... no está en casa.	*no esta̱ en kasa.*
Kann ich später wieder anrufen?	¿Puedo llamar más tarde?	*pu·e̱do ljamar mas tarde?*
Bleiben Sie am Apparat.	No cuelgue.	*no ku·e̱lge.*
Warten Sie einen Moment.	Espere un momento.	*espere un momento.*

Wortliste Telefonieren

Auskunft	información (f.)	*informađio̱n*
Branchentelefonbuch	páginas amarillas (f.pl.)	*pa̱chinas amariljas*
Gebühreneinheit	paso (m.)	*paso*
Ländervorwahl	indicativo del país (m.)	*indkatiwo del pai̱s*
R-Gespräch	llamada (f.) a cobro revertido	*ljamada a kobro rewertido*
Störungsstelle	averías (f.pl.)	*aweri̱as*
Störung	avería (f.)	*aweri̱a*
Teilnehmer-Nummer	número (m.) del abonado	*nu̱mero del abonado*
Telefonbuch	guía (f.) de teléfonos	*gu·i̱a de tele̱fonos*
Telefon-Vorwahl	indicativo (m.)	*indikatiwo*
Telefonzelle	cabina (f.) de teléfono	*la kabina de tele̱fono*
Vermittlung	central (f.)/ operadora (f.)	*đentral/ operadora*
Ich möchte ein Telegramm aufgeben.	Quisiera poner un telegrama.	*kisi·e̱ra poner un telegrama.*

Wieviel kostet ein Tele-	¿Cuánto cuesta un te-	*ku·anto ku·esta un tele-*
gramm nach ...	legrama a ..	*grama a...*
pro Wort	por palabra (f.)	*por palabra*

Spanisches Buchstabieralphabet

Man sagt wie im Deutschen „A wie Anton" d.h. im Spanischen „A de Alemania" oder „A de Antonio".

A	*a*	„a" de Alemania/ „a" de Antonio
B	*be*	„b" de Barcelona
C	*ðe*	„c" de Canada/ „c" de Carmen
Ch	*ðe atsche*	„ch" de Chocolate
D	*de*	„d" de Dinamarca/ „d" de Dolores
E	*e*	„e" de España
F	*efe*	„f" de Francia
G	*che*	„g" de Gerona
H	*atsche*	„h" de Historia
I	*i*	„i" de Italia/ „i" de Inés
J	*chota*	„j" de Japón/ „j" de José
K	*ka*	„k" de Kilo
LL	*elje*	„ll" de Llobregat
L	*ele*	„l" de Lima/ „l"de Lorenzo
M	*eme*	„n" de Madrid
N	*ene*	„n" de Navarra
Ñ	*enje*	„ñ" de Ñoño
O	*o*	„o" de Oviedo
P	*pe*	„p" de Portugal
Q	*ku*	„q" de Queso
R	*ere*	„r" de Roma
S	*ese*	„s" de Sevilla
T	*te*	„t" de Tarragona
U	*u*	„u" de Uruguay
V	*we*	„v" de Valencia
W	*doblewe*	„w" de Waschington
X	*ekis*	„x" de Xiquena
Y	*i griega*	„y" de Yugoslavia
Z	*ðeta*	„z" de Zaragoza

Essen und Trinken

Im Restaurant wird erwartet, daß man eine Menüfolge von drei Gängen einhält. Wer nur eine Suppe oder einen Salat essen will, sollte sich in eine Snackbar oder Cafetería begeben. Die Portionen fallen im allgemeinen sehr groß aus. Man sollte deshalb bei der Bestellung vorsichtig sein und sich eventuell zu zweit eine Vorspeise oder ein Dessert teilen.

Restaurant

Können Sie mir ein gutes Restaurant empfehlen?	¿Me puede recomendar un buen restaurante?	*me pu·e̱de rekomendar un bu·e̱n restaurante?*
Gibt es hier ein preiswertes und gutes Restaurant?	¿Hay un restaurante bueno y bien de precio por aquí?	*ai un restaurante bu·e̱no i bi·e̱n de pre̱ðio por aki̱?*
Muß man einen Tisch vorbestellen?	¿Se tiene que reservar mesa?	*se ti·e̱ne ke reserwar mesa?*
Ich möchte einen Tisch für ... Personen für heute abend reservieren.	Quisiera reservar una mesa de ... personas para esta noche.	*kisi·e̱ra reserwar una mesa de ... personas para esta notsche.*
Ist dieser Platz noch frei?	¿Está libre esta silla?	*esta̱ libre esta silja?*
Die Speisekarte bitte.	La carta, por favor.	*la karta, por fawor.*
Haben Sie schon gewählt?	¿Ya ha(n) elegido?	*ja ha(n) elechido?*
Nehmen Sie einen Aperitif?	¿Va(n) a tomar un aperitivo?	*wa(n) a tomar un aperitiwo?*
Was darf ich Ihnen bringen?	¿Qué le(s) traigo?	*ke le(s) tra̱·igo?*
Was möchten Sie trinken?	¿Qué desea(n) para beber?	*ke desea(n) para beber?*
Was nehmen Sie als Vorspeise/ Hauptgericht?	¿Qué va(n) a tomar de primer plato/ de plato principal?	*ke va(n) a tomar de primer plato/ de plato prin·ði̱pal?*

Ich nehme ...	Yo voy a tomar...	*jo voi a tomar ...*
Das habe ich nicht bestellt.	No he pedido esto.	*no e pedido esto.*
Ich brauche ...	Necesito ...	*neðesito ...*
... ein Messer/ eine Gabel/ einen Löffel/ einen weiteren Teller/ ein Glas	... un cuchillo/ un tenedor/ una cuchara/ otro plato/ un vaso	*... un kutschiljo/ un tenedor/ una kutschara/ otro plato/ un waso*
Wir hätten gern noch etwas Brot/ Wein/ Wasser.	Nos podría traer un poco más de pan/ vino/ agua.	*nos podrja tra·er un poko mas de pan/ wino/ agu·a.*
Hat es geschmeckt?	¿Le(s) ha gustado?	*le(s) a gustado?*
Das Essen war hervorragend/ sehr gut/ versalzen.	La comida estaba excelente/ muy buena/ demasiado salada.	*la komida estaba egðelente/ mu·i bu·ena/ demasi·ado salada.*
Das Fleisch war zäh.	La carne estaba dura.	*la karne estaba dura*
Haben Sie noch einen Wunsch?	¿Desea(n) algo más?	*desea(n) algo mas?*
Die Rechnung bitte.	La cuenta, por favor.	*la ku·enta, por fawor.*
Das geht zusammen/ getrennt.	Esto va todo junto/ por separado.	*esto wa todo chunto/ por separado.*
mit Mehrwertsteuer/ Bedienung inbegriffen	con IVA/ servicio incluido.	*kon iwa/ serwiðio inklu·i-do.*
Ich hätte gern eine Tasse/ Tee/ Kaffee/ Schokolade	Quisiera una taza/ té/ café/ chocolate	*kisi·era una taða/ te/ kafe/ tschokolate*
Ich hätte gern ein Stück Torte/ Kuchen/ Obstkuchen.	Quisiera un trozo de tarta/ pastel/ tarta de fruta.	*kisi·era un troðo de tarta/ pastel/ tarta de fruta.*
Ich möchte gern ein Bier vom Faß	Quisiera una caña/ una cerveza de presión.	*kisi·era una kanja/ una ðerweða de presjon*
ein Glas ...	un vaso de ...	*un waso de ...*
... Bier/ Limonade/ Saft/ Mineralwasser	... cerveza/ limonada/ zumo/ agua mineral	*... ðerweða/ limonada/ ðumo/ agua mineral*
ein Glas Rosé/ Rotwein/ Weißwein	una copa de vino rosado/ tinto/ blanco	*una kopa de wino rosado/ tinto/ blanko*
Wo finde ich die Toiletten?	¿Dónde están los servicios?	*donde estan los serviðios?*

| Damen | damas/ señoras | *damas/ senjoras* |
| Herren | caballeros/ señores | *kabaljeros/ senjores* |

Wortliste Restaurant

Abendessen	cena (f.)	*ðena*
Bedienung	camarero/ a (m/ f)	*kamarero/ a*
Besteck	cubierto (m.)	*kubi·ęrto*
Bier	cerveza (f.)	*ðerweða*
bitter	amargo	*amargo*
Butter	mantequilla (f.)	*mantekilja*
Dessert	postre (m.)	*postre*
durchgebraten/ nicht durchgebraten (Steak)	bien hecho/ medio asado	*bi·ęn etscho/ medio asado*
Eßlöffel	cuchara (f.)	*kutschara*
Essig	vinagre (m.)	*winagre*
Fischgerichte	platos (m.pl.) de pescado (m.)	*platos de peskado*
Fleischgerichte	platos (m.pl.) de carne (f.)	*platos de karne*
Frühstück	desayuno (m.)	*desajuno*
Gebäck	pasteles (m.pl.)	*pasteles*
Gewürze	especias (f.pl.)	*espeðias*
Gabel	tenedor (m.)	*tenedor*
gebraten	frito	*frito*
gegrillt	asado (a la parilla)	*asado (a la parilja)*
gekocht	cocido	*coðido*
Gemüse	verduras (f.pl.)	*werduras*
Getränke	bebidas (f.pl.)	*bebidas*
Glas	vaso (m.)/ copa (f.)	*waso/ kopa*
Hauptspeise	plato principal (m.)	*plato prinðipal*
Kaffee	café (m.)	*kafee*
Kellner	camarero (m.)	*kamarero*
Kleinigkeit	cosita (f.), tapa (f.), ración (f.)	*kosita, tapa, raðiǫn*
Knoblauch	ajo (m.)	*acho*

Limonade	limonada (f.)	*limonada*
medium (Steak)	al punto/ medio hecho	*al punto/ medio etscho*
Meeresfrüchte	mariscos (m.pl.)	*mariskos*
Messer	cuchillo (m.)	*kutschiljo*
Mittagessen	comida (f.)	*komida*
Nachspeise	postre (m.)	*postre*
Obst	fruta (f.)	*fruta*
Pfeffer	pimienta (f.)	*pimi·e̯nta*
roh	crudo	*krudo*
Rechnung	cuenta (f.)	*ku·e̯nta*
Saft	zumo (m.)	*ðumo*
Salz	sal (f.)	*sal*
Sauce	salsa (f.)	*salsa*
sauer	agrio	*agrio*
Senf	mostaza (f.)	*mostaða*
Speisekarte	carta (f.)	*karta*
süß	dulce	*dulðe*
Suppe	sopa (f.)	*sopa*
Tee	té (m.)	*te*
Teelöffel	cucharilla (f.)	*kutscharilja*
Teigwaren	pastas (f.pl.)	*pastas*
Teller	plato (m.)	*plato*
Vorspeise	primer plato (m.)/ entrada (f.)	*primer plato/ entrada*
Wasser	agua (f.)	*agu·a̯*
Wein	vino (m.)	*wino*
Zitrone	limón (m.)	*limo̯n*
Zwiebel	cebolla (f.)	*ðebolja*

Die Speisekarte

Frühstück

bikini (m.)	*bikini*	warmes Sandwich mit Käse und Schinken
bocadillo (m.)	*bokadiljo*	belegtes Brötchen, Sandwich
bollo (m.)	*boljo*	süsses Brötchen

churros (m.pl.)	*tschurros*	Fetteiggebäck
croissant (m.)	*kro·asan*	Hörnchen
croissant de chocolate	*kro·asan de tschokolate*	Schokoladenhörnchen
embutidos (m.pl.)	*embutidos*	Wurst/ Aufschnitt
ensaimada (f.)	*ensa·imada*	Teigschnecke mit Puder-zucker
huevos (m.pl.)	*u·ewos*	Eier
huevo duro	*u·ewo duro*	hartgekochtes Ei
huevo frito	*u·ewo frito*	Spiegelei
huevo pasado por agua	*u·ewo pasado por agu·a*	weichgekochtes Ei
jamón (m.)	*chamon*	Schinken
mantequilla (f.)	*mantekilja*	Butter
mermelada (f.)	*mermelada*	Marmelade
miel (f.)	*mi·el*	Honig
queso (m.)	*keso*	Käse
pan (m.)	*pan*	Brot ·
panecillo (m.)	*paneðiljo*	Brötchen
pan tostado	*pan tostado*	Toastbrot
pastel (m.)	*pastel*	Kuchen
tarta (f.)	*tarta*	Torte
tortilla francesa (f.)	*tortilja franðesa*	Omelette

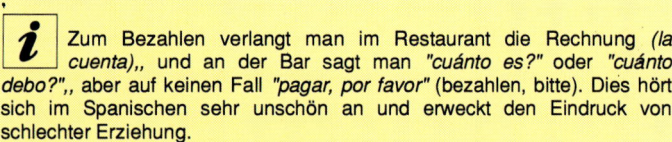

i Zum Bezahlen verlangt man im Restaurant die Rechnung *(la cuenta)*,, und an der Bar sagt man *"cuánto es?"* oder *"cuánto debo?"*,, aber auf keinen Fall *"pagar, por favor"* (bezahlen, bitte). Dies hört sich im Spanischen sehr unschön an und erweckt den Eindruck von schlechter Erziehung.

Getränke zum Frühstück

agua (con gas/ sin gas)	*agu·a (kon gas/ sin gas)*	Wasser (mit/ ohne Koh-lensäure)
café (m.)	*kafee*	Kaffee
café con leche (f.)	*kafee kon letsche*	Kaffee mit Milch
café solo	*kafee solo*	kleiner schwarzer Kaffee
café americano	*kafee amerikano*	großer schwarzer Kaffee

café cortado	*kafee kortado*	kleiner Kaffee mit einem Schuß Milch
café con nata (f.)	*kafee kon nata*	Kaffee mit Sahne
chocolate (m.)	*tschokolate*	heiße Schokolade (dickflüssig)
leche (f.) caliente/ fría	*letsche kali·ente/ fri·a*	Milch warm/ kalt
té (m.)	*te*	Tee
infusión (f.)	*infusion*	Kräutertee
zumo (m.) de naranja	*ðumo de narancha*	Orangensaft

Kleine Gerichte außerhalb der normalen Essenszeiten

bocadillo (m.)	*bokadiljo*	belegtes Brot
plato (m.) combinado	*plato kombinado*	gemischter Teller
sandwich (m.)	*sandwitsch*	Sandwich
ración (f.) de ...	*raðion de ...*	Portion ....
tapa (f.) de ...	*tapa de ...*	Tapa-Portion ...

Kühle Eleganz im Stil der Jahrhundertwende: Restaurant-Bar in Madrid

torrada (f.)	*torrada*	Bauernbrot mit Auflage (in Katalonien)

Zum Aperitif und als Vorspeise

aceitunas (f.pl.)	*aᵭ̠e·itunas*	Oliven
aguacate (m.)	*agu·ak̠ate*	Avocado
albóndigas (f.pl.)	*albon̠digas*	kleine Fleischklöße mit Sauce
alcachofas (f.pl.)	*alkatschofas*	Artischocken
almendras saladas (f.pl.)	*almendras saladas*	gesalzene Mandeln
ancas (f.pl.) de rana	*ankas de rana*	Froschschenkel
anchoas (f.pl.)	*antscho·as*	kleine Sprotten, Sardellen
berenjenas (f.pl.)	*berenchenas*	Auberginen
berberechos (m.pl.)	*berberetschos*	Herzmuscheln
boquerones (m.pl.)	*bokerones*	Sardellen
calamares (m.pl.) a la romana	*kalamares a la romana*	gebackene Tintenfischringe
calçots (m.pl.)	*kalᵭots*	Lauchzwiebeln (Spezialität aus Valls/ Tarragona)
caracoles (m.pl.)	*karakoles*	Schnecken
croquetas (f.pl.)	*kroketas*	Kroketten
empanada (f.)	*empanada*	gefüllte Teigtasche
ensaladilla (f.) rusa	*ensaladilja rusa*	Mayonnaisesalat
entremeses (m.pl.)	*entremeses*	gemischte Vorspeise (mit Wurst u. Salat)
escalivada (f.)	*eskaliwada*	eingelegte Paprika, Zwiebeln, Auberginen
espinacas (f.pl.)	*espinakas*	Spinat
esqueixada (f.)	*eskeitschada*	Stockfischsalat
fiambre (m.)	*fi·ambre*	Aufschnitt
jamón (m.) (serrano/ dulce)	*jamon̠ (serrano/ dulᵭe)*	Schinken (roh/ gekocht)
olivas (f.pl.) rellenos	*oliwas reljenas*	Oliven (gefüllt)
patatas (f.pl.) bravas	*patatas brawas*	Röstkartoffeln mit scharfer Sauce
pinchos (m.pl.) morunos	*pintschos morunos*	kleine Fleischspieße

| pulpo gallego (m.) | *pulpo galjego* | gekochte Krake mit Paprikapulver |
| salpicón (m.) ɑe marisco | *salpikọn de marisko* | Fischsalat |

Beilagen

alioli (m.)	*alioli*	cremige Sauce aus Öl und Knoblauch
arroz (m.)	*arroð*	Reis
pan (m.) con tomate	*pan kon tomate*	Bauernbrot mit Tomate eingerieben
patatas (f.pl.)	*patatas*	Kartoffeln
patatas fritas	*patatas fritas*	Pommes frites
salsa (f.)	*salsa*	Sauce

Eierspeisen

revoltillo (m.)	*rewoltiljo*	Rührei
revoltillo con gambas	*rewoltiljo kon gambas*	Rührei mit Garnelen
revoltillo con setas	*rewoltiljo kon setas*	Rührei mit Pilzen
tortilla (f.)	*tortilja*	dickes Omelette (span. Spezialität)
tortilla española	*tortilja espanjola*	Tortilla mit Kartoffeln und Zwiebeln
tortilla de calabacín	*tortilja de kalabaðịn*	Tortilla mit Zucchini
tortilla de espinacas	*tortilja de espinakas*	Tortilla mit Spinat
tortilla de verduras	*tortilja de werduras*	Tortilla mit Gemüse
tortilla de alcachofas	*tortilja de alkatschofas*	Tortilla mit Artischocken

Salate

cogollo (m.)	*kogoljo*	Herzstück vom Salat oder Kohlkopf
endibias (f.pl.)	*endibias*	Endivien
endibias al Roquefort	*endibias al rokefort*	Endivien mit Roquefortsauce
ensalada (f.)	*ensalada*	Salat
ensalada de arroz	*ensalada de arroð*	Reissalat
ensalada catalana	*ensalada katalana*	katalanischer Salat
ensalada de queso	*ensalada de keso*	Käsesalat

ensalada verde	*ensalada werde*	grüner Salat
ensalada variada	*ensalada wari·ada*	gemischter Salat
ensalada de tomates	*ensalada de tomates*	Tomatensalat

Suppen

caldo (m.)	*kaldo*	Brühe
consomé (m.)	*konsomee*	Kraftbrühe
crema (f.)	*krema*	Cremesuppe
crema de tomate	*crema de tomate*	Tomatensuppe
gazpacho (m.)	*gaðpatscho*	kalte Gemüsecreme
potaje (m.)	*potaje*	dickflüssige Suppe mit Bohnen, Linsen usw.
sopa (f.)	*sopa*	Suppe
sopa de ajo	*sopa de acho*	Knoblauchsuppe
sopa de fideos	*sopa de fide·os*	Nudelsuppe
sopa juliana	*sopa chuli·ana*	Gemüsesuppe
sopa de pescado	*sopa de peskado*	Fischsuppe
sopas mallorquinas	*sopas maljorkinas*	dickflüssiges Eintopfgericht mit Brot und viel Gemüse

Teigwaren

canelones (m.pl.)	*kanelones*	gefüllte und überbackene Teigrollen
espaguetis (m.pl.)	*espagetis*	Spagettis
fideuà (f.)	*fide·u·a*	paellaähnliche Nudelpfanne (Spezialität rund um das Ebrodelta)
macarrones (m.pl.)	*makarrones*	Makkaroni
tallarines (m.pl.)	*taljarines*	Nudeln

Eintopfgerichte

paella (f.)	*pa·elja*	Reispfanne
fabada (f.) asturiana	*fabada asturi·ana*	Eintopf aus Asturien mit dicken Bohnen
caldo (m.) gallego	*kaldo galjego*	galicischer Eintopf
cocido madrileño	*koðido madrilenjo*	Eintopf aus Madrid
pisto (m.) manchego	*pisto mantschego*	Gemüseeintopf

Fische und Meeresfrüchte

almejas (f.pl.)	*almechas*	Herzmuscheln
anguila (f.)	*angila*	Aal
angula (f.)	*angula*	Jung-/ Glasaal (teure Spezialität) aus dem Baskenland
arenque (m.)	*arenke*	Hering
arroz (m.) marinera	*arroð marinera*	Reis mit verschiedenen Fischsorten und Meeresfrüchten
arroz a banda	*arroð a banda*	Reis im Fischsud gegart (Spezialität in Valencia)
atún (m.)	*atun*	Thunfisch
bacalao (m.)	*bakala·o*	Stockfisch
besugo (m.)	*besugo*	Graubarsch/ Rotbrasse
bogavante (m.)	*bogawante*	Hummer

Sie gehören zum Bild spanischer Städte: Straßencafés und -restaurants

bonito (m.)	*bonito*	Thunfisch
caballa (f.)	*kabalja*	Makrele
calamares (m.pl.)	*kalamares*	Tintenfisch
caldereta (f.) de langosta	*kaldereta de langosta*	Langustengericht
camarón (m.)	*kamaron*	Garnele
cangrejo (m.)	*kangrecho*	Krebs
carpa (f.)	*karpa*	Karpfen
centolla (f.)	*ðentolja*	Seespinne
corvina (f.)	*korwina*	Meerrabe
chanquete (m.)	*tschankete*	Babyfisch (Spezialität in Andalusien)
chipirones (m.pl.)	*tschipirones*	Kalmares
dentón (m.)	*denton*	Zahnbrassen
dorada (f.)	*dorada*	Goldbrassen
emperador (m.)/ pez (m.) espada	*emperador/ peð espada*	Schwertfisch
gambas (f.pl.) (a la plancha)	*gambas*	große Krabben (gegrillt)
langosta (f.)	*langosta*	Languste
lenguado (m.)	*lengu·ado*	Seezunge
lubina (f.)	*lubina*	Wolfsbarsch
mariscos (m.pl.)	*mariskos*	Meeresfrüchte
mejillones (m.pl.)	*mechiljones*	Miesmuscheln
merluza (f.)	*merluða*	Seehecht
mero (m.)	*mero*	Riesenzackenbarsch
ostras (f.pl.)	*ostras*	Austern
percebes (m.pl.)	*perðebes*	Entenmuscheln
pescado (m.)	*peskado*	Fisch
pulpo (m.)	*pulpo*	Krake (Tintenfischart)
rape (m.)	*rape*	Seeteufel
raya (f.)	*raja*	Rochen
salmón (m.)	*salmon*	Lachs
salmonete (m.)	*salmonete*	Meerbarbe
sardinas (f.pl.)	*sardinas*	Sardinen

suquet (m.) de peix	*suket de pe·isch*	verschiedene Fische mit Sauce (Spezialität der Costa Brava)
trucha (f.)	*trutscha*	Forelle
trucha (f.) a la Navarra	*trutscha a la nawarra*	Forelle nach Navarra-Art
parillada (f.) de pescado	*pariljada de peskado*	gemischte Fischplatte
zarzuela (f.) de pescado	*ðarðu·ęla de peskado*	gemischte Fischplatte

Fleisch- und Wurstgerichte

asado (m.)	*asado*	Braten
bistec (m.)	*bistek*	Beefsteak
brocheta (f.)	*brotscheta*	Spieß
butifarra (f.)	*butifarra*	katalanische Bratwurst
cabrito (m.)	*kabrito*	Zicklein
carne (f.)	*karne*	Fleisch
carne de vaca	*karne de waka*	Rindfleisch (von der Kuh)
carne de buey	*karne de bu·ęi*	Rindfleisch (vom Ochsen)
carne picada	*karne picada*	Hackfleisch
carne de cerdo	*karne de ðerdo*	Schweinefleisch
carne de ternera	*karne de ternera*	Kalbfleisch
cochinillo (m.)	*kotschiniljo*	Spanferkel
costillas (f.pl.)	*kostiljas*	Rippen
conejo (m.)	*konecho*	Kaninchen
cordero (m.)	*kordero*	Lamm
chorizo (m.)	*tschoriðo*	Paprikawurst
chuleta (f.)	*tschuleta*	Kotelett
civet (m)	*ðiwet*	Wildragout
entrecote (m.)	*entrekot*	Entrecote
escalope (m.)	*eskalope*	Schnitzel
espalda (f.)	*espalda*	Schulterstück
estofado (m.)	*estofado*	Schmortleisch
filete (m.)	*filete*	Filet
fuet (m.)	*fu·ęt*	harte Salamiwurst
guisado (m.)	*gisado*	Eintopf mit Fleisch und Kartoffeln
jabalí (m.)	*chabalị*	Wildschwein

jamón (m.) serrano	*chamon serrano*	Gebirgsschinken
jamón de Jabugo	*chamon de chabugo*	Rohschinken aus Jabugo
lechón (m.)	*letschon*	Spanferkel
liebre (f.)	*li·ebre*	Hase
lomo (m.)	*lomo*	(Schweine-)rücken
morcilla (f.)	*morðilja*	Blutwurst
salchicha (f.)	*saltschitscha*	Würstchen
sobrasada (f.)	*sobrasada*	Paprikastreichwurst aus Mallorca
solomillo (m.)	*solomiljo*	Filet, Lendenstück

Innereien

callos (m.pl.) (a la madrileña)	*kaljos a la madrilenja*	Kutteln (nach Madrider Art)
hígado (m.)	*igado*	Leber
lengua (f.)	*lengu·a*	Zunge
riñones (m.pl.) (al Jerez)	*rinjones al chereð*	Nieren (mit Sherry-Wein)
sesos (m.pl.)	*sesos*	Hirn

Geflügel

codorniz (f.)	*kodornið*	Wachtel
faisán (m.)	*fa·isan*	Fasan
ganso (m.)	*ganso*	Gans
muslo (m.)	*muslo*	Keule
pato (m.)	*pato*	Ente
pava (f.)	*pawa*	Pute, Truthenne
pavo (m.)	*pawo*	Puter, Truthahn
pechuga (f.)	*petschuga*	Brust
perdiz (f.)	*perdið*	Rebhuhn
pollo (m.)	*poljo*	Hähnchen

Gemüse

alcachofas (f.pl.)	*alkatschofas*	Artischocken
alubias (f.pl.)	*alubia*	weiße Bohnen
apio (m.)	*apio*	Sellerie
berenjenas (f.pl.)	*berenjenas*	Auberginen
calabacines (m.pl.)	*kalabaðines*	Zucchini

col (f.) de Bruselas	*kol de bruselas*	Rosenkohl
coliflor (m.)	*koliflor*	Blumenkohl
champiñones (m.pl.)	*tschampinjones*	Champignons
chucrut (m.)	*tschukrut*	Sauerkraut
espárragos (m.pl.)	*esparragos*	Spargel
espinacas (f.pl.)	*espinakas*	Spinat
espinacas a la crema	*espinakas a la krema*	Spinat mit saurer Sahne
espinacas a la catalana	*espinakas a la katalana*	Spinat mit Rosinen und Pinienkernen
garbanzos (m.pl.)	*garbanðos*	Kichererbsen
guisantes (m.pl.)	*gisantes*	Erbsen
habas (f.pl.)	*abas*	dicke Bohnen
judías (f.pl.) verdes	*chudias werdes*	grüne Bohnen
pimiento (m.)	*pimi·ento*	Paprika
repollo (m.)	*repoljo*	Weißkohl
setas (f.pl.)	*setas*	Pilze
tomates (m.pl.)	*tomates*	Tomaten
zanahorias (f.pl.)	*ðana·orias*	Wurzeln, Karotten

Käse

queso (m.)	*keso*	Käse
queso de bola	*keso de bola*	Holländer mit roter Hülle
queso fresco	*keso fresko*	Frischkäse, Quark
queso manchego	*keso mantschego*	Käse aus der Mancha
queso de cabra	*keso de kabra*	Ziegenkäse
queso tierno	*keso ti·erno*	milder Käse
queso semi-seco	*keso semi-seko*	mittelscharfer Käse
queso seco	*kesos seko*	scharfer Käse
queso de Burgos	*keso de burgos*	Frischkäse aus Burgos
queso de Mahón	*keso de ma·on*	Käse aus Menorca
mató (m.)	*mato*	Frischkäse aus Katalonien
requesón (m.)	*rekeson*	Quark

Süßspeisen, Kuchen, Dessert

arroz (m.) con leche	*arroð kon letsche*	Milchreis
azúcar (m.)	*aðukar*	Zucker

brazo (m.) de gitano	*braðo de chitano*	Biskuitrolle mit Creme und Sahne
buñuelos (m.pl.)	*bunju·elos*	kleine Windbeutel
crepes (m.pl.)	*krepes*	Crêpes
cuajada (f.)	*ku·achada*	geronnene Milch, Quark
flan (m.)	*flan*	kleiner Karamelpudding
frutas (f.pl.)	*frutas*	Früchte
helado (m.)	*elado*	Eis
helado de fresa	*elado de fresa*	Erdbeereis
helado de vainilla	*elado de wa·inilja*	Vanilleeis
helado de chocolate	*elado de tschokolate*	Schokoladeneis
manjar (m.) blanc	*manjar blank*	Grieß und Mandeln
macedonia (f.) de frutas	*maðedonia de frutas*	Obstsalat
mel i mató	*mel i mato*	Honig und Frischkäse
melocotón (m.) en almíbar	*melokoton en almibar*	Pfirsich in Sirup
merengue (m.)	*merenge*	Baiser
nata (f.)	*nata*	Schlagsahne
nata con nueces	*nata kon nu·eðes*	Schlagsahne mit Walnüssen
natillas (f.pl.)	*natiljas*	Vanillecreme
pastel (m.)	*pastel*	Kuchen
pijama (m.)	*pichama*	Dessertmischung aus Eis, Flan, Früchten und Sahne
profiteroles (m.pl.)	*profiteroles*	kleine Windbeutel, mit Sahne gefüllt und heißer Schokolade übergossen
pudín (m.)	*pudin*	Pudding
tarta (f.)	*tarta*	Torte
tarta de manzana	*tarta de manðana*	Apfeltorte
tarta de queso	*tarta de keso*	Käsekuchen
tarta de chocolate	*tarta de tschokolate*	Schokoladentorte
turrón (m.)	*turron*	eine Art türkischer Honig
sorbete (m.)	*sorbete*	Fruchteis

Alkoholische Getränke

bebida (f.) alcohólica	*bebida alco·olika*	alkoholisches Getränk
aguardiente (m.)	*agu·ardi·ente*	Schnaps
anís (m.)	*anis*	Anisschnaps
brandy (m.)	*brandi*	Weinbrand
cremat (m.)	*kremat*	warmes Getränk, mit Rum flambiert
ginebra (f.)	*chinebra*	Gin
caña (f.)	*canja*	kleines Bier vom Faß
cava (m.)	*kawa*	Schaumwein
coñac (m.)	*konjak*	Kognak
cerveza (f.)	*ðerweða*	Bier
cerveza negra	*ðerweða negra*	dunkles Bier
cerveza de barril	*ðerweða de barril*	Bier vom Faß
cerveza en lata	*ðerweða en lata*	Dosenbier
fino (m.)	*fino*	Wein aus Jerez
hierbas (f.pl.)	*i·erbas*	Kräuterlikör
jerez (m.)	*chereð*	Sherry
licor (m.)	*likor*	Likör
moscatel (m.)	*moskatel*	Muskatellerwein
ron (m.)	*ron*	Rum
sangría (f.)	*sangria*	Rotweinbowle
sidra (f.)	*sidra*	Apfelwein
vermut (m.)	*wermut*	Wermutwein
vino (m.)	*wino*	Wein
vino blanco	*wino blanko*	Weißwein
vino dulce	*wino dulðe*	Süßwein
vino rosado	*wino rosado*	Roséwein
vino tinto	*wino tinto*	Rotwein
vino de mesa	*wino de mesa*	Tischwein

Alkoholfreie Getränke

agua (con gas/ sin gas)	*agu·a kon gas/ sin gas*	Wasser (mit/ ohne Kohlensäure)
batido (m.)	*batido*	Milchmixgetränk
biter (m.)	*biter*	Bitter

gaseosa (f.)	*gase·osa*	weiße Brause
granizado (m.)	*graniðado*	Eisgetränk
granizado de café	*graniðado de kafee*	Eisgetränk mit Kaffeege-schmack
granizado de limón	*graniðado de limón*	Eisgetränk mit Zitronen-geschmack
horchata (m.)	*ortschata*	Mandelmilch
leche (f.)	*letsche*	Milch
limonada (f.)	*limonada*	Limonade
tónica (f.)	*tonika*	Tonicwasser
zumo (m.)	*ðumo*	Saft
zumo de naranja	*ðumo de narancha*	Orangensaft
zumo de piña	*ðumo de pinja*	Ananassaft
zumo de melocotón	*ðumo de melokoton*	Pfirsichsaft

Andere Einkehrmöglichkeiten

Schnellimbiß	snack-bar (m.)	*snackbar*
Café	café, (m.) cafetería (f.)	*kafee, kafeteria*
Bar	bar (m.)	*bar*
Bierbar	cervecería (f.)	*ðerweðeria*
Cocktailbar	coktelería	*kokteleria*
Eisdiele	heladería (f.)	*eladeria*
Gasthaus	mesón (m.)	*meson*
Teestube	salón de té	*salon de te*
Schankstube	bodega (f.)/ tasca (f.)/ taverna	*bodega/ taska/ tawerna*
Milchbar	granja (f.)	*grancha*
Sandwichbar	sandwichería (f.)	*sandwicheria*
Schmalzbäckerei (oft mit Schokoladenaus-schank)	churrería (f.)	*tschurreria*
Strandcafé/ Kiosk am Strand	chiringuito (m.)	*tschiringito*
Wirtshaus an der Land-straße	venta (f.)	*wenta*

Einkaufen

In Spanien sind die meisten Geschäfte von montags bis freitags von 9 bis 14 Uhr und von 17 bis 20 Uhr geöffnet, ebenso am Samstagvormittag, in Städten auch samstags nachmittags.

Die Post *(correos y telégrafos)* hält in kleineren Orten werktags nur wenige Stunden die Schalter geöffnet.

Öffnungszeiten	horarios (m.pl.) de abertura	*orarios de abertura*
geöffnet/ geschlossen	abierto/ cerrado	*abi·ęrto/ đerrado*
Betriebsferien	vacaciones (f.pl.)	*wakađiones*

Ladentypen

Antiquariat (Bücher)	librería de ocasión (f.)	*libreria de okasiǫn*
Antiquitäten	anticuario (m.)	*antiku·ạrio*
Apotheke	farmacia (f.)	*farmađia*
Bäckerei	panadería (f.)	*panaderia*
Buchhandlung	librería (f.)	*libreria*
Damenbekleidung	prendas (f.pl.) de señora	*prendas de senjora*
Drogerie	droguería (f.)	*drogeria*
Elektrogeschäft	tienda (f.) de electrodomésticos	*ti·ęnda de elektrodomęstikos*
Eisenwaren	ferretería (f.)	*ferreteria*
Feinkostgeschäft	tienda (f.) de comestibles finos/ tienda de ultramarinos	*ti·ęnda de komestibles finos/ ti·ęnda de ultramarinos*
Fischgeschäft	pescadería (f.)	*peskaderia*
Fotogeschäft	tienda (f.) de artículos fotográficos	*ti·ęnda de artikulos fotográfikos*
Frisör	peluqueria (f.)	*pelukeria*
Gemüse/ Obsthändler	verdulería/ frutería (f.)	*werduleria/ fruteria*
Haushaltswaren	artículos domésticos (m.pl.)	*artikulos domęstikos*

Herrenbekleidung	prendas (f.) de señor/ confección (f.) para caballeros	*prendas de senhor/ konfekðion para kabaljeros*
Juwelier	joyería (f.)	*chojeria*
Kaufhaus	grandes almacenes (f.pl.)	*grandes almaðenes*
Kinderkleidung	ropa (f.) para niños	*ropa para ninjos*
Konditorei	pastelería (f.)	*pasteleria*
Lebensmittel	alimentación (f.)	*alimentaðion*
Lederwaren	artículos (m.pl.) de piel	*artikulos de pi·el*
Metzger	carnicería (f.)	*karniðeria*
Milchgeschäft	lechería (f.)	*letscheria*
Möbelgeschäft	tienda (f.) de muebles	*ti·enda de mu·ebles*
Optiker	óptico (m.)	*optiko*
Papierwaren	papelería (f.)	*papeleria*
Schneiderei	sastería (f.)	*sasteria*
Schuhgeschäft	zapatería (f.)/ tienda (f.) de calzado	*ðapateria/ ti·enda de kalðado*
Spielwarenhandlung	juguetería (f.)	*chugeteria*
Sportartikel	artículos (m.pl.) de deporte	*artikulos de deporte*
Tabakladen	estanco (m.)/ tabacos (m.pl.)	*estanko/ tabakos*
Trödler	ropavejero (m.)/ baratillero (m.)	*ropawechero/ baratiljero*
Uhrmacher	relojero (m.)	*relochero*
Wäsche/ Miederwaren	ropa (f.)/ corsetería (f.)	*ropa/ korseteria*
Weinhandlung	bodega (f.)	*bodega*
Zeitungshändler	vendedor (m.) de prensa	*wendedor de prensa*

Im Laden und auf dem Markt

Geben Sie mir bitte 1 Kilo/ 1 Pfund ...	Deme un kilo/ medio kilo de .., por favor.	*deme un kilo/ medio kilo de ..., por fawor.*
Geben Sie mir bitte drei von diesen Äpfeln.	Deme tres de estas manzanas, por favor.	*deme tres de estas manðanas, por fawor.*
Wieviel kostet das?	¿Cuánto es?	*ku·anto es?*

klein/ groß	pequeño/ grande	*pekenjo/ grande*
weniger/ mehr	menos/ más	*menos/ mas*
Darf es auch etwas mehr sein?	¿Puede ser un poco más?	*pu·ede ser un poko mas?*
Noch etwas?	¿Algo más?	*algo mas?*
Das ist alles, danke.	Esto es todo, gracias.	*esto es todo, graðias*
Sie wünschen?	¿Qué desea?	*ke desea?*
Ich schaue mich nur um, danke.	Sólo estoy mirando, gracias.	*solo estoi mirando, graðias.*
Ich überlege noch.	Estoy pensando.	*estoi pensando*
Becher	vaso (m.)	*waso*
Beutel	bolsa (f.)/ saquito (m.)	*bolsa/ sakito*
Bund	manojo (m.)	*manocho*
Dose	lata (f.)	*lata*
Einkaufstüte	bolsita de plástico (f.)	*bolsita de plastiko*
Paket	paquete (m.)	*pakete*
Scheibe (Wurst/ Käse)	rodaja (f.)/ lonja (f.)	*rodacha/ loncha*
Scheibe (Brot)	rebanada (f.)	*rebanada*
Tüte	cucurucho (m.)/ bolsa de papel (f.)	*kukurutscho/ bolsa de papel*

Auf der Post

Briefmarken für einen Brief/ eine Postkarte nach Deutschland/ Österreich/ Schweiz	sellos para una carta/ tarjeta a Alemania/ Austria/ Suiza	*seljos para una karta/ tarcheta a alemania/ austria/ su·iða*
Ich möchte ein Päckchen/ Paket nach ... aufgeben.	Quisiera enviar un pequeño paquete/ un paquete postal a ...	*kisi·era enwiar una pekenjo pakete/ un pakete postal a ...*
Wie muß ich diesen Brief frankieren?	¿Con cuánto tengo que franquear esta carta?	*kon ku·anto tengo ke frankear esta karta?*
Ich möchte eine Sendung abholen.	Vengo a buscar un envio.	*wengo a buskar un enwio.*
postlagernd	lista (f.) de correos	*lista de korreos*

Adressenangabe in der Landessprache für postlagernd z. B.:
Sr.oder Sra. Dominguez
Lista de Correos
Correo Central
Madrid

Wortliste Post

Brief	carta (f.)	*karta*
Briefkasten	buzón (m.)	*buð on*
Eilbrief	carta (f.) urgente/ ex-pres (m.)	*karta urchente/ espres*
Einschreiben	certificado (m.)	*ðertifikado*
Geldanweisung	giro postal (m.)	*chiro postal*
Luftpost	por avión	*por awi on*
Postamt	oficina (f.) de correos	*ofiðina de korreos*
Postkarte	tarjeta (f.) postal	*tarcheta postal*
telegrafische Überwei-sung	giro (m.) telegráfico	*chiro telegrafiko*
Zahlkarte	impreso (m.) para un giro postal	*impreso para un chiro postal*

Telefonieren, Geld → Ämter, Banken, Telefonieren

Kaufhaus/ Supermarkt

Wo finde ich ...?	¿Dónde encuentro ...?	*donde enku·entro*
In welcher Abteilung gibt es ...?	¿En qué departamen-to hay ..?	*en ke departamento ai?*

Wortliste Kaufhaus

1./ 2./ 3./ 4. Stock	primera/ segunda/ ter-cera/ cuarta planta (f.)	*primera/ segunda/ terðe ra/ ku·arta planta*
Basement	planta (f.) baja	*planta bacha*
Bettenabteilung	departamento (m.) de hogar textil	*departamento de ogar testil*
Damenbekleidung	confección (f.) de se-ñoras	*konfekðion de senjoras*
Erdgeschoß	planta (f.) baja	*planta bacha*

Fahrstuhl	ascensor (m.)	*asðensor*
Geschenkartikel	artículos (m.) de rega-los	*artíkulos de regalos*
Herrenbekleidung	confección (f.) de ca-balleros	*konfekðiọn de kabaljeros*
Kasse	caja (f.)	*kacha*
Kinderbekleidung	ropa (f.) para niños	*ropa para ninjos*
Kurzwaren	mercería (f.)	*merðerịa*
Lebensmittel	alimentación (f.)	*alimentaðiọn*
Lederwaren	artículos (m.pl.) de piel	*artịkulos de pi·ẹl*
Parkhaus	garaje (m.) de aparca-miento	*garache de aparkami·ẹn-to*
Reklamation	reclamación (f.)	*reklamaðiọn*
Rolltreppe	escalera (f.) mecánica	*eskalera mekạnika*
Spielzeugwaren	juguetes (m.pl.)	*chugetes*

Dem Hauptpostamt von Madrid sieht man seine nüchterne Funktion nicht an

Sportabteilung	departamento (m.) de deporte	*departamento de deporte*
Süßwaren	dulces (m.pl.)	*dulðes*
Untergeschoß	sótano (m.)	*sọtano*
Verkäufer/ in	vendedor/ vendedora (m/ f)	*wendedor/ wendedora*
Wäscheabteilung	departamento (m.) de lencería	*departamento de lenðeria*

Warenliste Lebensmittel: Obst, Gemüse und Gewürze

Ananas	piña (f.)	*pinja*
Anis	anís (m.)	*anịs*
Apfel	manzana (f.)	*manðana*
Apfelsine	naranja (f.)	*narancha*
Aprikosen	albaricoque (m.)	*albarikoke*
Artischocke	alcachofa (f.)	*alkatschofa*
Aubergine	berenjena (f.)	*berenchena*
Banane	plátano (m.)	*plạtano*
Basilikum	albahaca (f.)	*alba·aka*
Birne	pera (f.)	*pera*
Blumenkohl	coliflor (f.)	*koliflor*
Bohnen, Stangen-	judías verdes (f.pl.)	*chudịas werdes*
Bohnen, Dicke	habas (f.pl.)	*abas*
Brombeeren	moras (f.pl.)	*moras*
Chicorée	achicoria (f.) de Bruselas	*atschikoria de bruselas*
Datteln	dátiles (m.pl.)	*dạtiles*
Dill	eneldo (m.)	*eneldo*
Endivien	endibias (f.pl.)	*endibias*
Erbsen	guisantes (m.pl.)	*gisantes*
Erdbeeren	fresas (f.pl.)/ fresones (m.pl.)	*fresas/ fresones*
Erdnüsse	cacahuetes (m.pl.)	*kakau·ẹtes*
Estragon	estragón (m.)	*estragọn*
Feigen	higos (m.pl.)	*igos*
Fenchel	hinojo (m.)	*inocho*

Gemüse	verduras (f.pl.)	*werduras*
Grapefruit	pomelo (m.)	*pomelo*
Gurke (Salat-)	pepino (m.)	*pepino*
Gurken (eingelegte)	pepinillo (m.)	*pepiniljo*
Haferflocken	copos (m.pl.) de avena	*kopos de awena*
Haselnüsse	avellanas (f.pl.)	*aweljanas*
Himbeeren	frambuesas (f.pl.)	*frambu·esas*
(Honig)melone	melón (m.)	*melon*
Johannisbeeren	grosellas (f.pl.)	*groseljas*
Kapern	alcaparras (f.pl.)	*alkaparras*
Karotten	zanahorias (f.pl.)	*ðanaorias*
Kartoffeln	patatas (f.pl.)	*patatas*
Kastanien	castañas (f.pl.)	*kastanjas*
Kerbel	perifollo (m.)	*perrifoljo*
Kichererbsen	garbanzos (m.pl.)	*garbanðos*
Kirschen	cerezas (f.pl.)	*ðereðas*
Knoblauch	ajo (m.)	*acho*
Kohl	col (f.)	*kol*
Kokosnuß	coco (m.)	*koko*
Kopfsalat	lechuga (f.)	*letschuga*
Kräuter	hierbas (f.pl.)	*i·erbas*
Kümmel	comino (m.)	*komino*
Kürbis	calabaza (f.)	*kalabaða*
Lauch	puerro (m.)	*pu·erro*
Linsen	lentejas (f.pl.)	*lentechas*
Mais	maíz (m.)	*ma·is*
Majoran	mejorana (f.)	*mechorana*
Mandarinen	mandarinas (f.pl.)	*mandarinas*
Mandeln	almendras (f.pl.)	*almendras*
Melone	melón (m.)	*melon*
Minze	menta (f.)	*menta*
Mirabelle	ciruela (f.) amarilla	*ðiru·ela amarilja*
Mispel	níspero (m.)	*nispero*
Muskat	nuez moscada (f.)	*nueð moskada*
Nelken	clavos (m.pl.)	*klawos*

Nüsse	nueces (f.pl.)	*nu·eðes*
Obst	frutas (f.pl.)	*frutas*
Oliven	aceitunas (f.pl.)/ olivas (f.pl.)	*aðe·itunas/ oliwas*
Orange	naranjas (f.pl.)	*naranchas*
Oregano	orégano (m.)	*oregano*
Paprika	pimiento (m.)	*pimi·ento*
Paprikapulver	pimentón (m.)	*pimenton*
Pampelmuse	pomelo (m.)	*pomelo*
Paranüsse	nuez del Brasil (f.)	*nu·eð de brasil*
Petersilie	perejil (m.)	*perechil*
Pfeffer	pimienta (f.)	*pimi·enta*
Pfirsich	melocotón (m.)	*melokoton*
Pflaume	ciruela (f.)	*ðiru·ela*
Pinienkerne	piñones (m.pl.)	*pinjones*
Pistazien	pistachos (m.pl.)	*pistatschos*
Porree	puerro (m.)	*pu·erro*
Preiselbeeren	arándanos (m.pl.)	*arandanos*
Quitte	membrillo (m.)	*membrillo*
Reis	arroz (m.)	*arroð*
Rettich	rábano (m.)	*rabano*
Rosenkohl	col (f.) de Bruselas	*kol de bruselas*
Rosinen	pasas (f.pl.)	*pasas*
Rosmarin	romero (m.)	*romero*
Rote Beete	remolacha (f.)	*remolatscha*
Safran	azafrán (m.)	*aðafran*
Salbei	salvia (f.)	*salwia*
Salz	sal (f.)	*sal*
Schnittlauch	cebollino (m.)	*ðeboljino*
Sellerie	apio (m.)	*apio*
Senf	mostaza (f.)	*mostaða*
Spargel	espárrago (m.)	*esparrago*
Spinat	espinacas (f.pl.)	*espinakas*
Thymian	tomillo (m.)	*tomiljo*
Tomaten	tomates (m.pl.)	*tomates*

Walnüsse	nueces (f.pl.)	*nu·e̱ɖes*
Wassermelone	sandía (f.)	*sandi̱a*
Weintrauben	uvas (f.pl.)	*uwas*
Zimt	canela (f.)	*kanela*
Zitrone	limón (m.)	*limo̱n*
Zwiebeln	cebollas (f.pl.)	*ɖeboljas*

Sonstige Lebensmittel

Bier	cerveza (f.)	*ɖerweɖa*
Brot	pan (m.)	*pan*
Brötchen	panecillo (m.)	*paneɖiljo*
Butter	mantequilla (f.)	*mantekilja*
Eier	huevos (m.pl.)	*u·e̱wos*
Essig	vinagre (m.)	*winagre*
Fisch	pescado (m.)	*peskado*
Fleisch	carne (f.)	*karne*

Die Pyrenäen sind für erstklassigen Käse bekannt

Hackfleisch	carne picada (f.)	*karne pikada*
Hähnchen	pollo (m.)	*poljo*
Honig	miel (f.)	*mi·el*
Huhn	pollo (m.)	*poljo*
Kalbfleisch	carne de ternera (f.)	*karne de ternera*
Joghurt	yogur (m.)	*jogur*
Käse	queso (m.)	*keso*
Kaffee	café (m.)	*kafe*
Kaninchen	conejo (m.)	*konecho*
Kekse	galletas (f.pl.)	*galjetas*
Kindernahrung	alimentos infantiles (m.pl.)	*alimentos infantiles*
Kuchen	pastel (m.)	*pastel*
Lachs	salmón (m.)	*salmon*
Lamm	cordero (m.)	*kordero*
Limonade	limonada (f.)	*limonada*
Mayonnaise	mayonesa (f.)	*majonesa*
Meeresfrüchte	mariscos (m.pl.)	*mariskos*
Mehl	harina (f.)	*arina*
Milch	leche (f.)	*letsche*
Muscheln (Mies-)	mejillones (m.pl.)	*mechiljones*
Öl	aceite (m.)	*aðe·ite*
Quark	queso fresco (m.)	*keso fresko*
Pute	pava (f.)	*pawa*
Rind (Ochse)	buey (m.)	*bue·i*
Rind (Kuh)	vaca (f.)	*waka*
Roggen	centeno (m.)	*ðenteno*
Sahne, saure	nata (f.) agria	*nata agria*
Sahne, süße	nata (f.) dulce	*nata dulðe*
Schnecken	caracoles (m.pl.)	*karakoles*
Schokolade	chocolate (m.)	*tschokolate*
Schwein	cerdo (m.)	*ðerdo*
Seehecht	merluza (f.)	*merluða*
Seezunge	lenguado (m.)	*lengu·ado*
Speck	tocino (m.)/ bacón (m.)	*toðino/ bakon*

Süßigkeiten	dulces (m.pl.)	*dulðes*
Tee	té (m.)	*te*
Wachteln	codornices (f.pl.)	*kodorniðes*
Weizen	trigo (m.)	*trigo*
Wein	vino (m.)	*wino*
Würstchen	salchichas (f.pl.)	*saltschitschas*
Wurst	embutido (m.)	*embutido*
Ziege (Zicklein)	cabrito (m.)	*kabrito*
Zucker	azucar (m.)	*aðukar*

Weitere Ausdrücke

faul	podrido	*podrido*
frisch	fresco	*fresko*
gemahlen	molido	*molido*
geschnitten (in Scheiben)	cortado (en rodajas/ rebanadas)	*kortado (en rodachas/ rebanadas)*
getrocknet	secado	*sekado*
paniert	rebozado	*reboðado*
roh	crudo	*krudo*
schimmelig	enmohecido	*enmo·eðido*
verdorben	podrido	*podrido*
zum Grillen/ Kochen/ Braten	para asar/ cocer/ fritar	*para asar/ koðer/ fritar*

Warenliste Kleidung

Badeanzug	bañador (m.)/ traje de baño (m.)	*banjador/ trache de banjo*
Badehaube	gorro de baño (m.)	*gorro de banjo*
Badehose	bañador (m.)	*banjador*
Bademantel	albornoz (m.)	*albornoð*
Badeschuhe	zapatillas (f.pl.) de bano	*ðapatiljas de banjo*
Baumwolle	algodón (m.)	*algodọn*
Bikini	bikinI (m.)	*bikini*
BH	sostén (m.)	*sostẹn*
Blazer	americana (f.)	*amerikana*
Bluse	blusa (f.)	*blusa*

Gummistiefel	botas de agua (f.pl.)	*botas de agu·a*
Halstuch	pañuelo (m.)/ bufanda (f.)	*panju·elo/ bufanda*
Handtuch	toalla (f.)	*toalja*
Handschuhe	guantes (m.pl.)	*gu·antes*
Hemd	camisa (f.)	*kamisa*
Hose	pantalón (m.)	*pantalon*
Hut	sombrero (m.)	*sombrero*
Jacke	chaqueta (f.)	*tschaketa*
Jeans	vaqueros (m.pl.)	*wakeros*
Kleid	vestido (f.)	*westido*
Kostüm	conjunto (m.)	*konchunto*
Krawatte	corbata (f.)	*korbata*
Leder	piel (f.)	*pi·el*
Mantel	abrigo (m.)	*abrigo*
Mütze	gorro (m.)	*gorro*
Nachthemd	camisón (m.)	*kamison*
Pullover	jersey (m.)	*cherse·i*
Pullunder	chaleco (m.)	*tschaleko*
Regenjacke	chaqueta (f.) para la lluvia	*tschaketa para la ljuwia*
Regenmantel	impermeable (m.)	*imperme·able*
Regenschirm	paraguas (m.)	*paragu·as*
Rock	falda (f.)	*falda*
Sakko	chaqueta (f.)	*tschaketa*
Sandalen	sandalia (f.)	*sandalia*
Schal	bufanda (f.)	*bufanda*
Schlafanzug	pijama (m.)	*pichama*
Shorts	short (m.)	*tschort*
Socken	calcetines (m.pl.)	*kalðetines*
Sonnenhut	sombrero de sol (m.)	*sombrero de sol*
Stiefel	botas (f.pl.)	*botas*
Strümpfe	calcetines (m.pl.) largos	*kalðetines largos*
Strumpfhose	medias (f.pl.)	*medias*
Taschentuch	pañuelo (m.)	*panjuelo*

T-Shirt	camiseta (f.)	*kamiseta*
Unterhemd	camiseta (f.)	*kamiseta*
Unterhose	calzoncillos (m.pl.)	*kalðonðiljos*
Unterwäsche	ropa (f.) interior	*ropa interior*
Weste	chaleco (m.)	*tschaleko*
Wolle	lana (f.)	*lana*

Sonstiges

Abfallbeutel	bolsa (f.) de basura	*bolsa de basura*
Batterie	pila (f.)	*pila*
Briefpapier	papel (m.) de cartas	*papel de kartas*
Brille	gafas (f.pl.)	*gafas*
Bücher	libros (m.pl.)	*libros*
Damenbinden	compresas (f.pl.)	*kompresas*
Deodorant	desodorante (m.)	*deodorante*
Dosenöffner	abrelatas (m.)	*abre·latas*

In den Markthallen von Barcelona — Mercato de Boqueria

Feuerzeug	encendedor (m.)	*enðendedor*
Flaschenöffner	destapador (m.)	*destapador*
Glühbirne	bombilla (f.)	*bombilla*
Grillkohle	carbón (m.)	*karbọn*
Gummilitze	cordón (m.) de goma	*kordọn de goma*
Haarbürste	cepillo (m.) para el cabello	*ðepiljo para el kabeljo*
Höschenwindeln	bragapañales (m.pl.)	*bragapanjales*
Kamm	peine (m.)	*pẹ·ine*
Kapselheber	descapsulador (m.)	*deskapsulador*
Knopf	botón (m.)	*botọn*
Kontaktlinsen	lentes (f.pl.) de contacto	*lentes de kontakto*
Korkenzieher	sacacorchos (m.)	*sakakortschos*
Nähgarn	hilo (m.) de coser	*ilo de koser*
Nähnadel	aguja (f.)	*agucha*
Nagelfeile	lima (f.) para uñas	*lima para unjas*
Puder	talco (m.)	*talko*
Präservative	preservativos (m.pl.)	*preserwatiwos*
Rasierapparat	maquina (f.) de afeitar	*makina de afẹ·itar*
Rasierklingen	hoja (f.) de afeitar	*ocha de afẹ·itar*
Rasierpinsel	brocha (f.) de afeitar	*brotscha de afẹ·itar*
Rasierseife	jabón (m.) de afeitar	*chabọn de afẹ·itar*
Rasierwasser	loción (f.) de afeitar	*loðiọn de afẹ·itar*
Schere	tijeras (f.pl.)	*ticheras*
Seife	jabón (m.)	*chabọn*
Scheuermittel	producto (m.) para fregar	*produkto para fregar*
Schirm	paraguas (m.)	*paragu·ạs*
Schnürsenkel	cordones (m.pl.)	*kordones*
Shampoo	champú (m.)	*tschampụ*
Sicherheitsnadel	imperdible (m.)	*imperdible*
Sonnenbrille	gafas (f.pl.) de sol	*gafas de sol*
Sonnenöl	aceite (m.) solar	*acẹ·ite de sol*
Spiegel	espejo (m.)	*especho*

Spülbürste	cepillo (m.) para fregar platos	*ðepiljo para fregar platos*
Spülmittel	lava vajillas (m.)	*lawa wachiljas*
Spüllappen	fregador (m.)	*fregador*
Tabak	tabaco (m.)	*tabako*
Tampons	tampones (m.pl.)	*tampones*
Taschenlampe	linterna (f.) de bolsillo	*linterna de bolsiljo*
Toilettenpapier	papel (f.) higiénico	*papel hichi·eniko*
Uhr	reloj (m.)	*reloch*
Waschlappen	guante (m.) de tocador	*gu·ante de tokador*
Waschmittel	detergente (m.)	*deterchente*
Watte	algodón (m.)	*algodon*
Wecker	despertador (m.)	*despertador*
Windeln	pañales (m.pl.)	*panjales*
Zahnbürste	cepillo (m.) de dientes	*ðepiljo de di·entes*
Zahnpasta	pasta (f.) de dientes	*pasta de di·entes*
Zeitschrift	revista (f.)	*rewista*
Zeitung	periódico (m.)	*periodiko*
Zigarre	puro (m.)	*puro*
Zigaretten	cigarrillos (m.pl.)	*ðigariljos*
Zigarillo	cigarrito (m.pl.)	*ðigarritos*
Zündhölzer	cerillas (f.pl.)	*ðeriljas*

Sehenswürdigkeiten

Für Museen und Galerien gelten unterschiedliche Öffnungszeiten: Montags und sonntags nachmittags sind die meisten geschlossen. An den übrigen Tagen sind sie in der Regel von 9 bis 17/ 18 Uhr geöffnet, mit einer Mittagspause zwischen 12 oder 13 Uhr und 15 Uhr.

Was gibt es zu sehen?

Ich suche die Touristeninformation.

Estoy buscando la información turística.

esto·i buskando al informaðion turistika.

Wo finde ich die Touristeninformation?

¿Dónde encuentro la información turística.

donde enku·entro la informaðion turistika

Haben Sie einen Stadtplan?

¿Tiene usted un plano de la ciudad?

ti·ene usted un plano de la ði·udad?

Gibt es diese Broschüre auch auf deutsch?

¿Existe este folleto también en alemán?

egsiste este foljeto tambi·en en aleman?

Welche Sehenswürdigkeiten gibt es in der Stadt?

¿Cuáles son los puntos de interés de esta ciudad?

ku·ales son los puntos de interes de esta ði·udad?

Wann ist das Museum geöffnet?

¿Cuándo está abierto el museo?

ku·ando esta abi·erto el museo?

Wieviel kostet der Eintritt?

¿Cuánto vale la entrada?

cu·anto wale la entrada?

Ich möchte einen Katalog/ eine Eintrittskarte für die Ausstellung.

Quisiera un catálogo de la exposición/ una entrada para la exposición.

kisi·era un katalogo de la exposiðion/ una entrada para la exposiðion.

Ist der Parkplatz gebührenpflichtig?

¿Hay que pagar en este parking?

ai ke pagar en este parking?

Gibt es Ermäßigung für Schüler, Studenten/ Kinder?

¿Hay descuento para estudiantes/ niños?

ai un desku·ento para estudi·antes/ ninjos?

Haben Sie einen Internationalen Studentenausweis?

¿Tiene usted un carnet internacional de estudiante?

ti·ene usted un karnet internaðional de estudi·ante?

Gibt es eine Stadtrund-fahrt/ Stadtführung?	¿Existen visitas guia-das por la ciudad?	*egsisten wisitas giadas por la ði·u̱dad?*
Wo beginnt die Rund-fahrt/ der Rundgang?	¿Dónde empieza el re-corrido?	*do̱nde empi·e̱ða el reko-rrido?*
Gibt es auch deutsch-sprachige Führungen?	¿Hay también visitas en alemán?	*ai tambi·e̱n wisitas en alema̱n?*

Wortliste Kultur

Abtei	abadía (f.)	*abadía*
Allee	avenida (f.)	*awenida*
Altar	altar (m.)	*altar*
Altertum	edad (f.) antigua	*edad antigu·a̱*
Anbau	anexo (m.)	*anegso*
Ausgrabungen	excavaciones (f.pl.)	*eskawaðiones*
Ausstellung	exposición (f.)	*esposiðio̱n*
Barock	barroco (m.)	*barroko*
Basilika	basílica (f.)	*basi̱lika*
Bibliothek	biblioteca (f.)	*biblioteka*
Bronze	bronce	*bronðe*
Brücke	puente (m.)	*pu·e̱nte*
Burg	castillo (m.)	*kastiljo*
Chor	coro (m.)	*koro*
Dach	techo (m.)	*tetscho*
Druck	estampa (f.)	*estampa*
Elfenbein	marfil (m.)	*marfil*
Fabrik	fábrica (f.)	*fa̱brika*
Fachwerk	entramado (m.)	*entramado*
Fenster	ventana (f.)	*wentana*
Friedhof	cementerio (m.)	*ðementerio*
Galerie	galería (f.)	*galeri̱a*
Garten	jardín (m.)	*chardi̱n*
Gasse	callejón (m.)	*kaljechu̱n*
Gebäude	edificio (m.)	*edifiðio*
Gemälde	cuadro (m.)	*ku·a̱dro*
Glas	vidrio (m.)	*widrio*

Gotik	estilo gótico (m.)	*estilo go̱tiko*
Herrenhaus	casa (f.) señorial	*kasa senjorial*
Holz	madera (f.)	*madera*
Horn	cuerno (m.)	*ku·e̱rno*
Jahrhundert	siglo (m.)	*siglo*
Jugendstil	arte (m.) nuevo/ mo-dernismo (m.)	*arte nu·e̱wo/ modernismo*
Kapelle	capilla (f.)	*kapilja*
Kapitelle	capiteles (m.pl.)	*kapiteles*
Keramik	cerámica (f.)	*ðera̱mika*
Kirche	iglesia (f.)	*iglesia*
Klassizismus	clasisismo (m.)	*klasisismo*
Kreuz	cruz (f.)	*kruð*
Kreuzgang	claustro (m.)	*kla̱·ustro*
Krypta	cripta (f.)	*kripta*
Kupferstich	estampa (f.) en cobre	*estampa en kobre*
Kuppel	cúpula (f.)	*ku̱pula*
Markt	mercado (m.)	*merkado*
Marmor	mármol (m.)	*ma̱rmol*
Mauer	muro (m.)	*muro*
Mittelalter	edad (f.) media	*edad media*
Möbel	muebles (m.pl.)	*mu·e̱bles*
Moderne	estilo (m.) moderno/ modernidad (f.)	*estilo moderno/ moderni-dad*
Mosaik	mosaico (m.)	*mosaiko*
Moschee	mezquita (f.)	*meðkita*
Museum	museo (m.)	*museo*
Neuzeit	época (f.) moderna	*e̱poka moderna*
Pfeiler	pilar (m.)	*pilar*
Plastik (Statue)	escultura (f.)	*eskultura*
Platz	plaza (f.)	*plaða*
Portal	portal (m.)	*portal*
Porzellan	porcelana (f.)	*porðelana*
Rathaus	ayuntamiento (m.)	*ajuntami·e̱nto*
Renaissance	renacimiento (m.)	*renaðimi·e̱nto*
Romanik	estilo (m.) románico	*estilo roma̱niko*

Romantik	romanticismo (m.)	*romantiðismo*
Ruine	ruina (f.)	*ruina*
Sarkophag	sarcófago (m.)	*sarkofago*
Säulen	columnas (f.pl.)	*kolumnas*
Schiefer	pizarra (f.)	*piðarra*
Schloß	castillo (m.)	*kastiljo*
Schule	escuela (f.)	*esku·ela*
Seitenschiffe	nave lateral (f.)	*nawe lateral*
Sims	moldura (f.)	*moldura*
Skulpturen	esculturas (f.pl.)	*eskulturas*
Sockel	pedestal (m.)	*pedestal*
Statue	estatua (f.)	*estatua*
Strebe (Querstrebe)	traviesa (f.)	*trawi·esa*
Synagoge	sinagoga (f.)	*sinagoga*
Taufbecken	pila (f.) bautismal	*pila ba·utismal*
Tempel	templo (m.)	*templo*
Theater	teatro (m.)	*teatro*
Ton	barro (m.)	*barro*
Tor	portón (m.)	*porton*
Turm	torre (f.)	*torre*
Aquädukt	acueducto (m.)	*aku·edukto*
Wasserspeier	gárgola (f.)	*gargola*
Ziegel(stein)	ladrillo (m.)	*ladriljo*

Wortliste Natur und Geographie

Aquarium	acuario (m.)	*aku·ario*
Aussichtspunkt	mirador (m.)	*mirador*
Berg	montaña (f.)	*montanja*
Botanischer Garten	jardín (m.) botánico	*chardin botantiko*
Bucht	bahía (f.)	*ba·ia*
Düne	duna (f.)	*duna*
Felsen	roca (f.)	*roka*
Felsvorsprung	roca (f.) saliente	*roka sali·ente*
Fluß	río (m.)	*rio*
Gebirge	montaña (f.)	*montanja*

Grotte	gruta (f.)	*gruta*
Höhle	cueva (f.)	*ku·ewa*
Hügel	colina (f.)	*kolina*
Kanal	canal (m.)	*kanal*
Karst	región (f.) calcárea	*rechion kalkarea*
Kies	arena (f.) gruesa	*arena gru·esa*
Klima	clima (m.)	*klima*
Lagune	laguna (f.)	*laguna*
Landschaft	paisaje (m.)	*pa·isache*
Landschaftsgarten	jardín (m.) inglés	*chardin ingles*
Lava	lava (f.)	*lawa*
Meer	mar (m.)	*mar*
Meerenge	estrecho (m.)	*estretscho*
Mittelmeer	Mediterráneo (m.)	*mediterraneo*
Mündung	desembocadura (f.)	*desembokadura*
Naturschutzgebiet	reserva (f.) natural	*reserwa natural*
Observatorium	observatorio (m.)	*obserwatorio*
Panorama	panorama (m.)	*panorama*
Quelle	fuente (f.)	*fu·ente*
Sand	arena (f.)	*arena*
Schilf	juncos (m.pl.)	*chunkos*
Schlucht	barranco (m.)	*barranko*
See	lago (m.)	*lago*
Stausee	embalse (m.)	*embalse*
Strand	playa (f.)	*plaja*
Strom	río (m.)	*rio*
Stromschnelle	recial (m.)	*reðial*
Tal	valle (m.)	*walje*
Tropfsteinhöhle	cueva (f.)	*ku·ewa*
Urwald	selva (f.) (virgen)	*selwa (wirchen)*
Vogelschutzgebiet	reserva (f.) ornitológica	*reserwa ornitolochika*
Vulkan	volcán (m.)	*wolkan*
Wald	bosque (m.)	*boske*
Wasserfall (klein)	cascada (f.)	*kaskada*
Wasserfall (groß)	catarata (groß) (f.)	*katarata*

Weinberge	viñedos (m.pl.)	*winjedos*
Wiese	pradera (f.)	*pradera*
Wüste	desierto (m.)	*desi·erto*
Zoo	parque (m.) zoológico	*parke ɗo·olochiko*

Wortliste Tiere und Pflanzen

Ahorn	arce (m.)	*arɗe*
Baum	árbol (m.)	*arbol*
Birke	abedul (m.)	*abedul*
Buche	haya (f.)	*haja*
Eiche	encina (f.)	*enɗina*
Eidechse	lagarto (m.)	*lagarto*
Ente	pato (m.)	*pato*
Erle	aliso (m.)	*aliso*
Esche	fresno (m.)	*fresno*

Zeugnis maurischer Vergangenheit: die Alhambra in Granada

Eßkastanie	castaña (f.)	*kastanja*
Fichte	pino (m.)/ abeto (m.)	*pino/ abeto*
Frosch	rana (f.)	*rana*
Gans	ganso (m.)	*ganso*
Gebüsch	mata (f.)	*mata*
Insekten	insectos (m.pl.)	*insektos*
Kiefer	pino (m.)	*pino*
Kröte	sapo (m.)	*sapo*
Möwe	gaviota (f.)	*gawiota*
Mücke	mosquito (m.)	*moskito*
Muschel	concha (f.)	*kontscha*
Natter	culebra (f.)	*kulebra*
Pappel	álamo (m.)	*a̲lamo*
Pinie	pino (m.) negro	*pino negro*
Platane	plátano (m.)	*pla̲tano*
Qualle	medusa (f.)	*medusa*
Raubvogel	ave (f.) de rapiña	*awe de rapinja*
Roßkastanie	castaña (f.) silvestre	*kastanja silwestre*
Rotwild	venado (m.)	*wenado*
Schlange	serpiente (f.)	*serpi·e̲nte*
Schnecke	caracol (m.)	*karakol*
Seeigel	erizo marino (m.)	*eriðo marino*
Skorpion	escorpión (m.)	*eskorpio̲n*
Strauch	arbusto (m.)	*arbusto*
Taube	paloma (f.)	*paloma*
Tiere	animales (m.pl.)	*animales*
Trauerweide	sauce llorón (m.)	*sauðe ljoro̲n*
Ulme	olmo (m.)	*olmo*
Viper	víbora (f.)	*wi̲bora*
Vögel	pájaros (m.pl.)	*pa̲jaros*
Wachtel	codorniz (f.)	*kodornið*
Wildschwein	jabalí (m.)	*chabali̲*
Weide	sauce (m.)	*sauðe*
Zypresse	ciprés (m.)	*ðipre̲s*

Sport und Unterhaltung

Auf den folgenden Seiten finden Sie das nötige Vokabular für die abendliche Unterhaltung in Theater, Kino, Diskothek und Kneipe und den sportlichen Aktiv-Urlaub zu Wasser, zu Land und in der Luft ...

Theater/ Kino/ Konzert

Was gibt es heute abend im Theater/ Konzertsaal/ Kino?	¿Qué dan esta noche en el teatro/ en la sala de conciertos/ en el cine?	*ke dan esta notsche en el teatro/ en la sala de konđiertos/ en el đine?*
Wann beginnt die Vorstellung/ Aufführung/ das Konzert/ der Film?	¿Cuándo empieza la función/ la representación/ el concierto/ la película?	*ku·ạndo empi·ẹđa la funđiọn/ la representađiọn/ el konđi·ẹrto/ la pelịkula?*
Wie lange dauert ...?	¿Cuánto tiempo dura ...?	*ku·ạnto ti·ẹmpo durra...?*
Wo bekomme ich die Karten?	¿Dónde puedo conseguir las entradas?	*dọnde pu·ẹdo konsegir las entradas?*
Vorverkauf/ Abendkasse	venta (f.) anticipada/ venta en taquilla antes de la función	*wenta antiđipada/ wenta en takilja antes de la funđiọn*
Bitte eine/ zwei Karten für heute abend/ morgen/ don ...	una/ dos entrada(s) para esta noche/ mañana/ el ..., por favor.	*una/ dos entrada(s) para esta notsche/ manjana/ el ..., por fawor*

Wortliste Theater

Empore	tribuna (f.)	*tribuna*
Garderobe	guardarropa (f.)	*gu·ạrdarropa*
Loge	palco (m.)	*palko*
Parkett	platea (f.)	*platea*
Platz	localidad (f.)/ butaca (f.)	*localidad (f.)/ butaka*
Platzanweiser/ in	acomodador/ a (m/ f)	*akomodador/ a*

Programm	programa (m.)	*programa*
Rang	piso (m.)	*piso*
Reihe	fila (f.)	*fila*

Diskothek/ Tanz/ Kneipe

Wo gibt es hier eine gute Diskothek/ Nachtlokal/ Tanzlokal/ Kneipe?	¿Dónde hay por aquí una buena discoteca/ un pub/ una sala de fiestas/ un bar musical?	*donde ai por aki una buena diskoteka/ un paf/ una sala de fi·estas/ un bar musikal?*
Wir möchten tanzen gehen.	Nos gustaría ir a bailar.	*nos gustaria ir a bailar.*
Wie lange ist das Lokal geöffnet?	¿Hasta qué hora está abierto el local?	*asta ke ora esta abi·erto el lokal?*
Ab wann ist das Lokal geöffnet?	¿A partir de qué hora está abierto el local?	*a partir de ke ora esta abi·erto el lokal?*
Sind die Getränke teuer?	¿Las bebidas son caras?	*las bebidas son karas?*
Welches Publikum findet man dort?	¿Qué clase de gente se encuentra ahí?	*ke klase de chente se enku·entra a·i?*
Touristen/ Einheimische	turistas (m.pl.)/ nativos (m.pl.)	*turistas/ natiwos*
Welche Musik?	¿Qué música?	*ke musika?*
Darf ich Sie nach Hause bringen?	¿Le puedo acompañar hasta su casa?	*le pu·edo akompanjar asta su kasa?*
Sehen wir uns wieder?	¿Nos volveremos a ver?	*nos wolweremos a wer?*
Lassen Sie mich in Ruhe!	Dejeme tranquila/ -o!	*decheme trankila/ -o!*

Sport

Angeln

Wo kann man hier in der Nähe angeln?	Dónde se puede pescar aqui cerca?	*donde se pu·ede peskar aki ðerka?*
gültig für 1 Tag/ Monat	válido para un día/ mes	*walido para un dia/ mes*
Angel	caña (f.) de pescar	*canja de peskar*
Angelkarte/ -schein	licencia (f.) de pescar	*liðenðia de peskar*

Angelschnur	sedal (m.)	*sedal*
Bach	arroyo (m.)	*arrojo*
Blei	plomo (m.)	*plomo*
Blinker	cucharilla (f.)	*kutscharilja*
Fluß	río (m.)	*r<u>i</u>o*
Forelle	trucha (f.)	*trutscha*
Hecht	merluza (f.)	*merluđa*
Hochseefischen	pesca (f.) marítima	*peska mar<u>i</u>tima*
Jahreskarte	carnet (m.) de abono anual	*karnet de abono anual*
Kabeljau	bacalao (m.)	*bakalao*
Karpfen	carpa (f.)	*karpa*
Köderfische	cebo (m.)	*đebo*
Lachs	salmón (m.)	*salm<u>o</u>n*
Meer	mar (m.)	
Ruderboot	barco (m.) de remos	*barko de remos*

Surfer finden an Spaniens Stränden hervorragende Bedingungen vor

| See | lago (m.) | *lago* |
| Teich | estanque (m.) | *estanke* |

Golf

| Golfplatz | campo (m.) de golf | *kampo de golf* |
| Golfschläger | pala (f.) | *pala* |

Tennis

Tennisplatz	pista (f.) de tenis	*pista de tenis*
Tennisschläger	raqueta (f.) de tenis	*raketa de tenis*
Trainerstunde	hora (f.) de entrena-miento	*ora de entrenami·ento*

Wassersport

Wo kann man .. leihen?	¿Dónde se puede(n) alquilar ?	*donde se pu·ede(n) alkilar?*
Ist der Strand sandig/ steinig/ felsig?	¿La playa es arenosa/ pedregosa/ riscosa?	*la plaja es arenosa/ pedregosa/ riskosa?*
Wird der Strand bewacht?	¿La playa está vigilada?	*la plaja esta wichilada?*
Ist er für Kinder geeignet?	¿Es apropiada para niños?	*es apropiada para ninjos?*
Was kostet das Boot pro Stunde?	¿Cuánto vale el barco por hora?	*ku·anto wale el barko por ora?*
Ist das Wasser sauber?	¿Está limpia el agua?	*esta limpia el agu·a?*
Gibt es Quallen?	¿Hay medusas?	*ai medusas?*
Wann ist Ebbe/ Flut?	¿Cuándo hay marea baja/ marea alta?	*ku·ando ai marea bacha/ alta?*
Wie hoch ist der Eintritt für Erwachsene/ Kinder?	¿Cuánto cuesta la entrada para adultos/ niños?	*ku·anto ku·esta la entrada para adultos/ ninjos?*
Gibt es Ermäßigung für Studenten/ Schüler?	¿Hay un descuento para estudiantes?	*ai un desku·ento para estudiantes?*

Wortliste Wassersport

| Dusche | ducha (f.) | *dutscha* |
| Freibad/ Hallenbad | piscina al aire libre/ piscina cubierta | *pisðina al a·ire libre/ pisðina kubi·erta* |

Paddel-/ Ruderboot	canoa (f.)/ barco (m.) de remos	*kanoa/ barko de remos*
Schnorcheln	buceo (m.) con esnórquel	*buðeo kon esnọrkel*
Schwimmen	natación (f.)	*nataðiọn*
Schwimmbad	piscina (f.)	*pisðina*
Segelboot	barco de vela	*barko de wela*
Segeln	navegación (f.) a vela	*nawegaðiọn a wela*
Sonnenschirm	sombrilla (f.)	*sombrilja*
Strandbad	playa (f.)	*plaja*
Surfen	surf (m.)	*surf*
Surfbretter/ Ausrüstung	tablas de windsurf/ un equipo de windsurf	*tablas de windsurf/ un ekipo de windsurf*
Tauchausrüstung	equipo (m.) de buceo	*ekipo de buðeo*
Tauchen	buceo (m.)	*buðeo*
Tretboot	patín acuático (m.)	*patịn aku·ạtiko*
Wasserski	esquí (m.) náutico	*eskị nạ·utiko*

Reiten/ Radfahren

Gibt es hier in der Nähe einen Reitstall?	¿Hay por aquí cerca un picadero?	*ai por akị ðerka un pikadero?*
Wo kann ich ein Pferd mieten?	¿Dónde puedo alquilar un caballo?	*dọnde pu·ẹdo alkilar un kabaljo?*
Ich möchte einen Ausritt mit dem Pferd machen.	Quisiera dar un paseo a caballo.	*kisi·ẹra dar un paseo a kabaljo.*
Wieviel kostet die Stunde Reiten?	¿Cuánto cuesta la hora de oquitación?	*ku·ạndo cu·ẹsta la ora de ẹkitaðiọn?*
Ich möchte ein Fahrrad mieten.	Quisiera alquilar una bicicleta.	*kisi·ẹra alkilar una biðikleta.*
Wieviel kostet die Stunde/ der Tag.	¿Cuánto cuesta la hora/ el día?	*ku·ạnto ku·ẹsta la ora/ el dịa?*
Es muß eine Kaution hinterlegt werden.	Hay que dejar un depósito.	*ai ke dechar una deposito.*
Wie hoch ist die Kaution?	¿Cuánto es el depósito?	*ku·ạnto es el deposito?*
Hat das Fahrrad mehrere Gänge?	¿La bicicleta tiene varias velocidades?	*la biðikleta ti·ẹne warias weloðidades?*

Andere Sportarten

Basketball	baloncesto (m.)	*balonðesto*
Bergsteigen	montañismo (m.)	*mantanjismo*
Drachenfliegen	ala (f.) delta	*ala delta*
Eislauf	patinaje (m.) sobre hielo	*patinache sobre hi·ęlo*
Fußball	fútbol (m.)	*fųtbol*
Handball	balonnmano (m.)	*balonmano*
Jagen	caza (f.)	*caða*
Kanusport	piragüismo (m.)	*piragwu·įsmo*
Minigolf	minigolf (m.)	*minigolf*
Paragliding	paragliding (m.)	*paragliding*
Radfahren	ciclismo (m.)	*ðiklismo*
Reiten	equitación (f.)	*ekitaðiǫn*
Rodelsport	deporte (m.) del tobogán	*deporte del tobogạn*
Schwimmen	natación (f.)	*nataðiǫn*
Segelfliegen	vuelo (m.) sin motor	*wu·ęlo sin motor*
Segeln	navegación (f.) a vela	*nawegaðiǫn a wela*
Skifahren	esquí (m.)	*eskį*
Surfen	surf (m.)	*surf*
Tauchen	buceo (m.)	*buðeo*
Tennis	tenis (m.)	*tenis*
Tischtennis	ping pong (m.)	*ping pong*
Volleyball	volley ball (m.)	*wollę·i ball*
Wandern	excursionismo (m.)	*exkursionismo*
Wasserski	esquí (m.) náutico	*eskį nạ·utiko*
Wildwasserkanusport	piragüismo (m.) en torrentes	*piragwu·įsmo en torrentes*

Typische spanische Sportarten

Stierkampf	corrida (f.) de toros	*korrida de toros*
Ballspiele	frontón, pelota vasca, pelota valenciana	*frontǫn, pelota waska, pelota walenðiana*

Dienstleistungen

Auf den folgenden Seiten finden Sie eine Zu-
sammenstellung von Redewendungen und Be-
griffen, die Sie brauchen, wenn Sie bestimmte
Dienste in Anspruch nehmen wollen: vom Haa-
reschneiden bis zur Filmentwicklung und Kamerareparatur.

Frisörbesuch

Was kostet das Haare-schneiden?	¿Cuánto cuesta un corte de pelo?	*ku·anto ku·esta un korte de pelo?*
Schneiden Sie mir bitte die Haare.	Por favor, corteme el pelo.	*por fawor, korteme el pe-lo*
So kurz/ so lang	Así de corto/ de largo	*así de korto/ de largo*
Rasieren bitte.	Afeitar, por favor.	*afe·itar, por fawor.*

Wortliste Frisör

Backenbart	patillas (f.pl.)	*patiljas*
Bart	barba (f.)	*barba*
Dauerwelle	permanente (f.)	*permanente*
Fönen	secar	*sekar*
Haare färben/ tönen	teñir el pelo/ dar un ba-ño de color	*tenjir el pelo/ dar un ban-jo de kolor*
Haarkur	mascarilla (f.) capilar	*maskarilja kapilar*
hinten/ vorn	detrás/ delante	*detras/ delante*
Koteletten	patillas (f.pl.)	*patillas*
Lockenwickler	bigudí (m.)	*bigudi*
Perücke	peluca (f.)	*peluka*
Pony	flequillo (m.)	*flekiljo*
Schnauzbart	bigote (m.)	*bigote*
Schuppen	caspa (f.)	*kaspa*
Shampoo	champú (m.)	*schampu*
Stufenschnitt	corte (m.) escalonado	*korte eskalonado*
Toupet	bisoñé (m.)	*bisonje*

Trockenhaube	casco (m.) secador	*kasko sekador*
Vollbart	barba (f.)	*barba*
Waschen	lavado (m.)	*lawado*

Kosmetik

Augenbrauen	cejas (f.pl.)	*ðechas*
Maniküre	manicura (f.)	*manikura*
Maske	máscara (f.)	*maskara*
Massage	masaje (m.)	*masache*
Pediküre	pedicura (f.)	*pedikura*
Sonnenbank	solario (m.)	*solario*
schminken (sich)	maquillar(se)	*makiljar(se)*

Reparaturen

Optiker

Meine Brille ist zerbrochen.	Mis gafas están rotas.	*mis gafas estan rotas.*
Brillengestell	montura (f.) de gafas	*montura de gafas*
Gläser	cristales (m.pl.)	*kristales*
Können Sie das Gestell reparieren?	¿Puede usted reparar la montura?	*pu·ede usted reparar la montura?*
Können Sie die Gläser in ein neues Gestell setzen?	¿Puede usted colocar los cristales en una montura nueva?	*pu·ede usted kolokar los kristales en una montura nu·ewa?*
Wie lange dauert die Reparatur?	¿Cuánto tiempo tarda la reparación?	*ku·anto ti·empo tarda la reparaðion?*
weiche/ harte Kontaktlinsen	lentes (f.pl.) de contacto blandas/ duras	*lentes de kontakto blandas/ duras*
Reinigungslösung	solución (f.) limpiadora	*soluðion limpiadora*
Aufbewahrungslösung	solución (f.) preservadora	*soluðion preserwadora*

Schneider

| Können Sie einen neuen Reißverschluß einnähen? | ¿Puede usted colocar una nueva cremallera? | *pu·ede usted kolokar una nu·ewa kremaljera?* |

Das Kleid/ der Rock/ die Hose muß neu gesäumt werden.	Hay que hacer un nuevo dobladillo al vestido/ a la falda/ al pantalón.	*ai ke aðer un nu·gwo dobladiljo al westido/ a la falda/ al pantalon.*
Ich möchte ein Hemd/ eine Hose nach diesem Schnitt.	Quisiera una camisa/ un pantalón/ según este patrón.	*kisi·era una kamisa/ un pantalon segun este patron.*
Das Futter ist ausgerissen.	El forro está descosido.	*el forro esta deskosido.*
Der Ärmel ist durchgescheuert.	La manga está desollada	*la manga esta desoljada.*
Können Sie das flicken?	¿Puede usted remendar esto?	*pu·ede usted remendar esto?*

Wäscherei/ Reinigung

bügeln	planchar	*plantschar*
Fleck entfernen	quitar una mancha	*kitar una mantscha*
Hauptwäsche	lavado (m.) principal	*lawado prinðipal*
mangeln	prensar	*prensar*
Vorwaschen	prelavado (m.)	*prelawado*
Wäschetrockner	secador (m.)	*sekador*
Waschmaschine	lavadora (f.)	*lawadora*
Waschmittel	detergente (m.)	*deterchente*
Waschsalon (Selbstbedienungs-)	lavandería (f.) (de autoservicio)	*lawanderia (de a·utoserwiðio)*
waschen	lavar	*lawar*

Schuhmacher

Können Sie diese Schuhe neu besohlen?	¿Puede usted poner medias suelas a los zapatos?	*pu·ede usted poner medias su·elas a los ðapatos?*
Ich brauche neue Absätze.	Necesito tacones nuevos.	*neðesito takones nu·ewos.*
Dieser Schuh muß geweitet werden.	Este zapato tiene que ser dilatado.	*este ðapato ti·ene que ser dilatado.*
Haben Sie auch Schuhcreme?	¿También tiene crema para calzado?	*tambi·en ti·ene krema para calzado?*

Wann kann ich die Schuhe wieder abholen?	¿Cuándo puedo venir a buscar los zapatos?	*ku·ando pu·edo wenir a buskar los đapatos?*

Filme entwickeln und Kamerareparatur

Können Sie mir diesen Film entwickeln?	¿Me puede revelar este carrete, por favor?	*me pu·ede rewelar este karrete, por fawor?*
Von jedem Bild .... Schwarzweiß-/ Farbabzüge, bitte.	De cada foto ... copia(s) en blanco y negro/ en color, por favor.	*de kada foto ... kopia(s) en blanko i negro/ en kolor, por fawor.*
Was kostet das Entwikkeln/ die Abzüge?	¿Cuánto cuesta el revelado/ Cuánto cuestan las copias, por favor?	*ku·anto ku·esta el rewelado/ ku·anto ku·estan las kopias, por fawor?*
Können Sie eine Vergrößerung machen?	¿Puede usted hacer una ampliación?	*pu·ede usted ađer una ampli·ađion?*
Der Film ist überbelichtet/ unterbelichtet.	El film está sobreexpuesto/ subexpuesto.	*el film esta sobreespu·esto/ subespu·esto.*
Können Sie die Kamera reparieren?	¿Puede usted reparar la maquina?	*pu·ede usted reparar la makina?*

Wortliste Foto

Auslöser	disparador (m.)	*disparador*
Batterie	pila (f.)	*pila*
Belichtungsmesser	exposímetro (m.)	*exposimetro*
Blitzlicht	flash (m.)	*flasch*
Diafilm	carrete (m.) de diapositivas	*karrete de di·aposotiwas*
Farbbilderfilm	carrete (m.) de color	*karrete de kolor*
Film-Kassette	chasis (m.) para bloques de películas	*tschasis para blokes de pelikula*
Filmempfindlichkeit	sensibilidad (f.) (ASA)	*sensibilidad (asa)*
Kleinbildfilm	película (f.) de pequeño formato	*pelikula de pekenjo formato*
Objektiv	objetivo (m.)	*obchetiwo*
Rollfilm	carrete (m.)	*karrete*
Schwarzweißfilm	carrete (m.) de blanco y negro	*karrete de blanko i negro*

Gesundheit

Wer in Spanien erkrankt, kann sich nach Vorlage des Internationalen Krankenscheins seiner Krankenkasse nur bei bestimmten Ärzten behandeln lassen.

Besser ist es, vor der Reise eine Reisekrankenversicherung abzuschließen und die Arztkosten zunächst aus eigener Tasche zu bezahlen. Nach Vorlage der Quittungen erhält man die Auslagen von der Versicherung ersetzt.

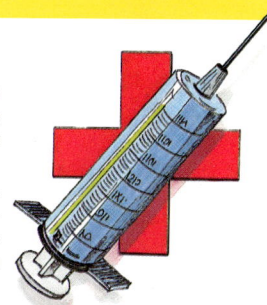

Arzt gesucht

Wo finde ich einen Arzt?	¿Dónde encuentro un médico?	*donde enku·entro un mediko?*
Wo ist das nächste Krankenhaus/ die nächste Arztpraxis?	¿Dónde está el hospital/ la consulta médica más próxima?	*donde esta el ospital/ la konsulta medika mas progsima?*
Apotheke	farmacia (f.)	*farmaðia*
Arzt	médico (m.)	*mediko*
Augenarzt	oculista (m.), oftalmólogo (m.)	*okulista, oftalmologo*
Behandlungszimmer	sala (f.) de consulta/ sala de tratamiento	*sala de konsulta/ sala de tratami·ento*
Chirurg	cirujano (m.)	*ðiruchano*
Frauenarzt	ginecólogo (m.)	*chinekologo*
Hals-, Nasen-, Ohren- arzt	otorrinolaringólogo (kurz: otorrino) (m.)	*otorrinolaringologo (oto- rrino)*
Hautarzt	dermatólogo (m.)	*dermatologo*
Impfpaß	carnet (m.) de vacuna- ción	*karnet de wakunaðion*
Impfung	vacuna (f.)	*wakuna*
Internationaler Kranken- schein	volante (m.) internacio- nal de seguro de enfer- medad	*wolante internaðional de seguro de enfermedad*
Kinderarzt	pediatra (m.)	*pediatra*
Krankenkasse	seguridad (f.) social (staatlich)/ seguro (m.) de enfermedad (privat)	*seguridad soðial/ seguro de enfermedad*

Krankenhaus	hospital (m.)	*ospital*
Orthopäde	ortopedista (m.)	*ortopedista*
Rezept	receta (f.)	*ređeta*
Wartezimmer	sala (f.) de espera	*sala de espera*
Zahnarzt	dentista (m.)/ odontólo-go (m.)	*dentista/ odontọlogo*

Was fehlt Ihnen?

Was fehlt Ihnen?	Usted me dirá./ ¿Qué le ocurre?	*usted me dir̲a̲./ ke le oku-rre?*
Ich bin krank.	Estoy enfermo/ -a.	*estọ·i enfermo/ -a.*
Ich habe Schmerzen.	Tengo dolores.	*tengo dolores*
Ich bin verletzt.	Estoy herido/ -a.	*estọ·i erido/ -a.*
Ich habe mich verletzt.	Me he herido.	*me e erido.*
Ich bin gefallen/ ge-stürzt.	Me he caído.	*me e ka·ịdo.*
Ich bin gebissen worden.	He sido mordido.	*e sido mordido.*
Schlange	serpiente (f.)	*serpi·ẹnte*
Hund/ Katze	perro (m.)/ gato (m.)	*perro/ gato*
Maus/ Ratte	ratón (m.)/ rata (f.)	*rat̲o̲n/ rata*
Ich bin gestochen worden.	He sido picado.	*e sido pikado.*
Biene/ Wespe	abeja (f.)/ avispa (f.)	*abecha/ awispa*
Fliege/ Mücke	mosca (f.)/ mosquito (m.)	*moska/ moskito*
Skorpion/ Qualle/ Seeigel	escorpión (m.)/ medu-sa (f.)/ erizo marino (m.)	*eskorpiọn/ eriđo marino*
Ich habe Schnupfen (Erkältung)/ Husten.	tengo un resfriado/ tos.	*tengo un resfriado/ tos*
Können Sie mir etwas gegen ... verschreiben?	¿Me puede recetar al-go contra ...	*me pu·ẹde ređetar algo contra ...*

Symptome

| Mir ist übel/ schwindlig. | Estoy mareado/ a/ Tengo vertigo. | *estọ·i   mareado/ a/ tengo wertigo.* |
| Ich habe ... | Tengo ... | *tengo* |

Atembeschwerden	trastornos (m.) respiratorios	*trastornos respiratorios*
Bauchschmerzen	dolores (m.) de vientre	*dolores de wi·entre*
Bluterguß	hematoma (m.)	*ematoma*
Blutung	hemorragia (f.)	*emorrachia*
Durchfall	diarrea (f.)	*diarrea*
Erbrechen	vómitos (m.pl.)	*womitos*
Erkältung	resfriado (m.)	*resfriado*
Fieber	fiebre (f.)	*fiebre*
Gelenkschmerzen	dolores (m.pl.) articulares	*dolores artikulares*
Halsweh	dolor (m.) de garganta	*dolor de garganta*
Heuschnupfen	catarro (m.) del heno	*katarro del eno*
Husten	tos (f.)	*tos*
Kopfschmerzen	dolor (m.) de cabeza	*dolor de kabeða*
(Waden)Krampf	calambre (m.)	*kalambre*
Lebensmittelallergie	alergia (f.) alimentaria	*alerchia alimentaria*
Nerven	nervios (m.pl.)	*nerwios*
Prellung	contusión (f.)	*kontusion*
Reisekrankheit	mareo (m.) (de viajes)	*mareo (de wiaches)*
Rückenschmerzen	dolor (m.) de espalda	*dolor de espalda*
Schüttelfrost	escalofrío (m.)	*eskalofrio*
Schwitzen	sudor (m.)	*sudor*
Übelkeit	mareo (m.)	*mareo*
Unterleibsschmerzen	dolores (m.pl.) abdominales	*dolores abdominales*
Verstopfung	estreñimiento (m.)	*estrenjimi·ento*
Wunde	herida (f.)	*erida*
Zahnschmerzen	dolores (m.pl.) de muelas	*dolores de mu·elas*

Wo tut es Ihnen weh?

Wo tut es Ihnen weh?	¿Dónde le duele?	*donde le du·ele?*

Körperteile

Arm	brazo (m.)	*braðo*
Auge	ojo (m.)	*ocho*

Augenlid	párpado (m.)	*parpado*
Bauch	vientre (m.)	*wi·entre*
Blase	vejiga (f.) urinaria	*wechiga urinaria*
Blinddarm	apéndice (m.)	*apendiđe*
Bronchien	bronquios (m.pl.)	*bronki·os*
Brust	pecho (m.)	*petscho*
Darm	intestino (m.)	*intestino*
Ellenbogen	codo (m.)	*kodo*
Finger	dedo (m.)	*dedo*
Fuß	pie (m.)	*pi·e*
Hals	cuello (m.)	*ku·eljo*
Hand	mano (f.)	*mano*
Haut	piel (f.)	*pi·el*
Herz	corazón (m.)	*korađon*
Knie	rodilla (f.)	*rodilja*
Knöchel	tobillo (m.)	*tobiljo*
Knochen	hueso (m.)	*u·eso*
Lunge	pulmón (m.)	*pulmon*
Magen	estómago (m.)	*estomago*
Nagel	uña (f.)	*unja*
Nase	nariz (f.)	*nariđ*
Niere	riñón (m.)	*rinjon*
Ohr	oreja (f.)	*orecha*
Rippe	costilla (f.)	*kostilja*
Rücken	espalda (f.)	*espalda*
Speiseröhre	esófago (m.)	*esofago*
Wade	pantorrilla (f.)	*pantorrilja*
Zahn	diente (m.)/ (Backen-zahn) muela (f.)	*di·ente/ mu·ela*
Zehen	dedos (m.pl.) del pie	*dedos del pi·e*
Zunge	lengua (f.)	*lengu·a*
Ich bin Allergiker/ Diabetiker/ schwanger.	Soy alérgico/ diabético/ estoy embarazada	*so·i alerchiko/ diabetiko/ esto·i embarađada*
Ich trage Kontaktlinsen/ Zahnersatz/ einen Herzschrittmacher	Llevo lentes de contacto/ dientes postizos/ un marcapasos	*ljewo lentes de kontakto/ di·entes postiđos/ un markapasos*

| Ich leide an einer Le-bensmittelallergie gegen ... | Padezco una alergia alimentaria contra ... | *padeðko una alerchia ali-mentaria kontra ...* |

Krankheiten/ Beschwerden

AIDS	SIDA (m.)	*sida*
Arm-/ Beinbruch	fractura (f.) del brazo/ de la pierna	*fraktura del braðo/ de la pi·erna*
Ausschlag	eccema (m.)	*ekðema*
Bänderriß	rotura (f.) de ligamen-tos	*rotura de ligamentos*
Blase (am Fuß)	ampolla (f.) (en el pie)	*ampolja (en el pi·e)*
Blasenentzündung	cistitis (f.)	*ðistitis*
Bronchitis	bronquitis (f.)	*bronkitis*
Gehirnerschütterung	conmoción (f.) cerebral	*konmoðion ðerebral*
Gelbsucht	ictericia (f.)	*ikteriðia*
Grippe	gripe (f.)	*gripe*
Hämorrhoiden	hemorroides (m.pl.)	*emorro·ides*
Heuschnupfen	catarro (m.) del heno	*katarro del eno*
Hexenschuß	lumbago (m.)	*lumbago*
Hitzschlag	insolación (f.)	*insolaðion*
Hühnerauge	callo (m.)	*kaljo*
Ischias	ciática (f.)	*ðiatika*
Lebensmittelvergiftung	intoxicación (f.) alimen-ticia	*intogsikaðion alimentiðia*
Malaria	malaria (f.)/ paludismo (m.)	*malaria/ paludismo*
Mandelentzündung	amigdalitis (f.)	*amigdalitis*
Masern	sarampión (m.)	*sarampion*
Migräne	jaqueca (f.), migraña (f.)	*chakeka, migranja*
Mittelohrentzündung	otitis (f.) media	*otitis media*
Mumps	parotiditis (f.)	*parotiditis*
Muskelriß	desgarro (m.) muscular	*desgarro muskular*
Nasenbluten	hemorragia (f.) nasal	*emorrachia nasal*
Periode (Menstruation)	menstruación (f.)	*menstru·aðion, regla*

Pilzinfektion	infección (f.) de hongos	*infekðion de ongos*
Röteln	rubéola (f.)	*rube·ola*
Salmonellenvergiftung	intoxicación (f.) por sal-monelas	*intogsikaðion por salmo-nelas*
Sehnenzerrung	distensión (f.) de un tendón	*distension de un tendon*
Sonnenbrand	quemadura (f.) del sol	*kemadura del sol*
Sonnenstich	insolación (f.)	*insolaðion*
Tetanus	tétanos (m.)	*tetanos*
Verbrennung	quemadura (f.)	*kemadura*
Verstauchung	dislocación (f.)/ distor-ción (f.)	*dislokaðion/ distorðion*
Windpocken	varicela (f.)	*wariðela*

Hilfe

Bandage	vendaje (m.)	*wendache*
Binde	venda (f.)	*wenda*
Fieberthermometer	termómetro (m.) clínico	*termometro kliniko*
Gipsverband	vendaje (m.) de yeso	*wendache de jeso*
Hilfe	ayuda (f.)	*ajuda*
Hustenmittel	remedio (m.) contra la tos	*remedio kontra la tos*
Hustensaft	jarabe (m.) contra la tos	*charabe kontra la tos*
Kapseln	cápsulas (f.pl.)	*kapsulas*
Kompresse	compresa (f.)	*kompresa*
Pflaster	tiritas (f.pl.)	*tiritas*
Salbe	crema (f.)	*krema*
Schlafmittel	somnífero (m.)	*somnifero*
Schmerzmittel	remedio (m.) contra el dolor	*remedio kontra el dolor*
Tabletten	pastillas (f.pl.)	*pastiljas*
Kräuter-Tee	infusión (f.)	*infusi·on*
Tinktur	tintura (f.)	*tintura*
Tropfen	gotas (f.pl.)	*gotas*

Wörterverzeichnis

Deutsch – Spanisch

A

Aal – *anguila (f.)*
Abblendlicht – *luz (f.) de cruce*
Abblendschalter – *conmutador (m.) de luces*
Abend(s) – *(por) la tarde*
Abendessen – *cena (f.)*
aber – *pero*
Abfahrt – *salida (f.)*
Abfahrtszeit – *hora (f.) de salida*
Abfall – *basura (f.)*
Abfallbeutel – *bolsa (f.) de basura*
Abfluß – *desagüe (m.)*
Absatz – *tacón (m.)*
Abschleppseil – *cuerda (f.) de remolcar*
Abspülbecken – *fregadero (m.)*
Abtei – *abadía (f.)*
Abteil – *compartimiento (m.)*
Achtung – *atención (f.)*
AIDS – *SIDA (m.)*
Allee – *avenida (f.)*
Allradantrieb – *propulsión (f.) en todas las ruedas*
also – *entonces*
Altar – *altar (m.)*
Alter – *edad (f.)*
Altertum – *edad (f.) antigua*
Ampel – *semáforo (m.)*
Ananas – *piña (f.)*
Anbau – *anexo (m.)*
Angel – *caña (f.) de pescar*
Angelkarte/ schein – *licencia (f.) de pescar*
Angelschnur – *sedal (m.)*
Anhänger (Auto) – *remolque (m.)*
Anis – *anís (f.)*
Anisschnaps – *anís (m.)*
Ankunft – *llegada (f.)*
Anlasser – *arrancador (m.)*
Antiquariat (Bücher) – *librería de ocasión (f.)*
Antiquitäten – *anticuario (m.)*
Apfel – *manzana (f.)*
Apfelsine – *naranja (f.)*
Apfelwein – *sidra (f.)*

Apotheke – *farmacia (f.)*
Aprikosen – *albaricoque (m.)*
Aquarium – *acuario (m.)*
Arm – *brazo (m.)*
Armaturenbrett – *tablero (m.) de mandos*
Artischocken – *alcachofas (f.pl.)*
Arzt – *médico (m.)*
Atembeschwerden – *trastornos (m.) respiratorios*
Aubergine – *berenjena (f.)*
auch – *también*
auch nicht – *tampoco*
Auf Wiedersehen – *Adiós / hasta luego*
Aufschnitt – *fiambre (m.)*
Aufzug – *ascensor (m.)*
Auge – *ojo (m.)*
Augenarzt – *oculista (m.), oftalmólogo (m.)*
Augenbrauen – *cejas (f.pl.)*
Augenlid – *párpado (m.)*
Ausfahrt – *salida (f.)*
Ausgrabungen – *excavaciones (f.pl.)*
Auskunft – *información (f.)*
Auspuff – *escape (m.)*
Ausschlag – *eccema (m.)*
Aussichtspunkt – *mirador (m.)*
Ausstellung – *exposición (f.)*
Austern – *ostras (f.pl.)*
Ausweichstelle – *apartadero (m.)*
Auto – *coche (m.)*
Autobahn – *autopista*
Autovermietung – *alquiler (m.) de coches*
Autowaschanlage – *tren (m.) de lavado*
Avokado – *aguacate (m.)*

B

Bach – *arroyo (m.)*
Badeanzug – *bañador (m.), traje de baño (m.)*
Bademantel – *albornoz (m.)*
Badezimmer – *cuarto (m.) de baño*
Bäckerei – *panadería (f.)*
Bänderriß – *rotura (f.) de ligamentos*
Bahnübergang – *paso a nivel (m.)*
Baiser – *merengue (m.)*

Balkon – *balcón (m.)*
Banane – *plátano (m.)*
Bandage – *vendaje (m.)*
Bargeld – *dinero en efectivo (m.)*
Bart – *barba (f.)*
Basement – *planta (f.) baja*
Basilikum – *albahaca (f.)*
Basketball – *baloncesto (m.)*
Batterie – *pila (f.), (Auto:) batería (f.)*
Bauch – *vientre (m.)*
Bauchschmerzen – *dolores (m.) de vientre*
Baum – *árbol (m.)*
Baumwolle – *algodón (m.)*
Baustelle – *trayecto (m.) en obras*
Becher – *vaso (m.)*
bedeckt – *cubierto*
Bedienung – *camarero/ a (m/ f)*
Beefsteak – *bistec (m.)*
Behandlungszimmer – *sala (f.) de consulta, sala de tratamiento*
Beifahrersitz – *asiento (m.) del acompañante*
beige – *beige*
Belichtungsmesser – *exposímetro (m.)*
Benzin – *gasolina (f.)*
Berg – *montaña (f.)*
Bergsteigen – *montañismo (m.)*
Beruf – *profesión (f.)*
Besteck – *cubierto (m.)*
Bett – *cama (f.)*
Bettenabteilung – *departamento (m.) de hogar textil*
Beutel – *bolsa (f.)/ saquito (m.)*
BH – *sostén (m.)*
Bibliothek – *biblioteca (f.)*
Bier – *cerveza (f.)*
Bikini – *bikini (m.)*
Binde – *venda (f.)*
Birne – *pera (f.)*
bis – *hasta*
bis bald – *Hasta pronto*
bitter – *amargo*
Bitter – *biter (m.)*
Blase – *vejiga (f.) urinaria*
Blase (am Fuß) – *ampolla (f.) (en el pie)*
Blasenentzündung – *cistitis (f.)*
blau – *azul*
Blazer – *americana (f.)*

Blei – *plomo (m.)*
bleifrei – *sin plomo*
Blinddarm – *apéndice (m.)*
Blinker – *intermitente (m.)*
Blinker (Angeln) – *cucharilla (f.)*
Blitzlicht – *flash (m.)*
Blumenkohl – *coliflor (f.)*
Bluse – *blusa (f.)*
Bluterguß – *hematoma (m.)*
Blutung – *hemorragia (f.)*
Blutwurst – *morcilla (f.)*
weiße Bohnen – *alubias (f.pl.)*
dicke Bohnen – *habas (f.pl.)*
grüne Bohnen – *judías (f.pl.) verdes*
Bohnen, Stangen- – *judías verdes (f.pl.)*
Bohrer – *taladro (m.)*
Bohrmaschine – *taladradora (f.)*
Branchentelefonbuch – *páginas amarillas (f.pl.)*
braten – *fritar*
Braten – *asado (m.)*
braun – *marrón*
Bremsbelag – *pastilla (f.) de freno*
Bremsflüssigkeit – *liquido (m.) de freno*
Bremspedal – *pedal (m.) de freno*
Brief – *carta (f.)*
Briefkasten – *buzón (m.)*
Briefpapier – *papel (m.) de cartas*
Brille – *gafas (f.pl.)*
Brötchen – *panecillo (m.)*
süsses Brötchen – *bollo (m.)*
belegtes Brötchen, Sandwich – *bocadillo (m.)*
Brombeeren – *moras (f.pl.)*
Bronchien – *bronquios (m.pl.)*
Bronchitis – *bronquitis (f.)*
Bronze – *bronce (m.)*
Brot – *pan (m.)*
Bruch (Knochen-) – *fractura (f.)*
Brücke – *puente (m.)*
Brühe – *caldo (m.)*
Buchhandlung – *librería (f.)*
Bucht – *bahía (f.)*
Bücher – *libros (m.pl.)*
bügeln – *planchar*
Bund – *manojo (m.)*
bunt – *multicolor*
Burg – *castillo (m.)*
Butter – *mantequilla (f.)*

C

Camping-Bus – *autocaravana (f.)*
Campingausweis – *carnet (m.) de camping*
Campingplatz – *camping (m.)*
Caravan – *caravana (f.)*
Champignons – *champiñones (m.pl.)*
Chicorée – *achicoria (f.) de Bruselas*
Chirurg – *cirujano (m.)*
Chor – *coro (m.)*
Crêpes – *crepes (m.pl.)*

D

Dach – *techo (m.)*
Damenbekleidung – *prendas (f.pl.) de señora*
Damenbinden – *compresas (f.pl.)*
danke – *gracias*
Darm – *intestino (m.)*
Datteln – *dátiles (m.pl.)*
Datum – *fecha (f.)*
Dauerwelle – *permanente (f.)*
Daumen – *pulgar (m.)*
Decke – *manta (f.)*
Dessert – *postre (m.)*
Diafilm – *carrete (m.) de diapositivas*
Dienstag – *martes (m.)*
Diesel – *gasoil (m.), diesel (m.)*
Dill – *eneldo (m.)*
Donnerstag – *jueves (m.)*
Dose – *lata (f.)*
Dosenöffner – *abrelatas (m.)*
Drachenfliegen – *ala (f.) delta*
Draht – *alambre (m.)*
Drogerie – *droguería (f.)*
Druck – *estampa (f.)*
Druckluftmesser – *medidor (m.) de presión*
Düne – *duna (f.)*
dunkel – *oscuro*
Durchfall – *diarrea (f.)*
durchgebraten (Steak) – *bien hecho*
Durst – *sed*
Dusche – *ducha (f.)*

E

Eiche – *encina (f.)*
Eidechse – *lagarto (m.)*
Eier – *huevos (m.pl.)*

Eilbrief – *carta (f.) urgente/ expres (m.)*
Einbahnstraße – *calle (f.) de dirección única*
Einfahrt – *entrada (f.)*
Einkaufstüte – *bolsita de plástico (f.)*
Einschreiben – *certificado (m.)*
Eis – *helado (m.)*
Eisenwaren – *ferretería (f.)*
elektrischer Drehzahlmesser – *cuentarrevoluciones (m.) eléctrico*
Elektrogeschäft – *tienda (f.) de electrodomésticos*
Elfenbein – *marfil (m.)*
Ellenbogen – *codo (m.)*
Empore – *galería (f.) alta, tribuna (f.)*
Endivien – *endibias (f.pl.)*
Engpaß – *estrechamiento (m.)*
Ente – *pato (m.)*
Entenmuscheln – *percebes (m.pl.)*
Erbrechen – *vómitos (m.pl.)*
Erbsen – *guisantes (m.pl.)*
Erdbeeren – *fresas (f.pl.), fresones (m.pl.)*
Erdgeschoß – *planta (f.) baja*
Erdnüsse – *cacahuetes (m.pl.)*
Erkältung – *resfriado (m.)*
Erwachsener – *adulto (m.)*
Eßkastanie – *castaña (f.)*
Eßlöffel – *cuchara (f.)*
Essig – *vinagre (m.)*
Estragon – *estragón (m.)*

F

Fabrik – *fábrica (f.)*
Fachwerk – *entramado (m.)*
Fahrersitz – *asiento (m.) del conductor*
Fahrgestell – *chasis (m.)*
Fahrstuhl – *ascensor (m.)*
Fahrwerk – *mecanismo (m.) de traslación*
Fallschirmspringen – *paracaidismo (m.)*
Farbbilderfilm – *carrete (m.) de color*
farbig – *de color*
Fasan – *faisán (m.)*
fast – *casi*
faul – *podrido*
Feiertag – *día (m.) festivo*
Feigen – *higos (m.pl.)*
Feinkostgeschäft – *tienda (f.) de comestibles finos, de ultramarinos*
Felge – *llanta (f.)*

Felsen – *roca (f.)*
Fenchel – *hinojo (m.)*
Fenster – *ventana (f.)*
Fernlicht – *luz (f.) larga*
Fernsehgerät – *televisión (f.)*
Fetteiggebäck – *churros (m.pl.)*
Feuerzeug – *encendedor (m.)*
Fichte – *pino (m.), abeto (m.)*
Fieber – *fiebre (f.)*
Fieberthermometer – *termómetro (m.) clínico*
Filet, Lendenstück – *solomillo (m.)*
Film-Kassette – *chasis (m.) para bloques de películas*
Filmempfindlichkeit – *sensibilidad (f.) (ASA)*
Finger – *dedo (m.)*
Fisch – *pescado (m.)*
Fischgerichte – *platos (m.pl.) de pescado (m.)*
Fischgeschäft – *pescadería (f.)*
Flaschenöffner – *destapador (m.)*
Fleck entfernen – *quitar una mancha*
Fleisch – *carne (f.)*
Fleischgerichte – *platos (m.pl.) de carne (f.)*
Fluß – *río (m.)*
Fönen – *secar*
Forelle – *trucha (f.)*
Formular – *formulario (m.)*
Fortgeschrittene – *adelantado (m.)*
Fotogeschäft – *tienda (f.) de artículos fotográficos*
Frauenarzt – *ginecólogo (m.)*
Freitag – *viernes (m.)*
Friedhof – *cementerio (m.)*
frisch – *fresco*
Frisör – *peluquería (f.)*
Frosch – *rana (f.)*
Froschschenkel – *ancas (f.pl.) de rana*
Fruchteis – *sorbete (m.)*
Früchte – *frutas (f.pl.)*
Frühjahr – *primavera (f.)*
Frühstück – *desayuno (m.)*
Führerschein – *carnet (m.) de conducir*
für – *para*
Fuß – *pie (m.)*
Fußball – *fútbol (m.)*

G

Gabel (Besteck) – *tenedor (m.)*

Galerie – *galería (f.)*
Gans – *ganso (m.)*
Garderobe – *guardarropa (f.)*
Garnele – *camarón (m.)*
Garten – *jardín (m.)*
Gas(pedal) – *acelerador (m.)*
Gaskartusche – *cartucho (m.) de gas*
Gasse – *callejón (f.)*
Gebäck – *pasteles (m.pl.)*
Gebäude – *edificio (m.)*
Gebirge – *montaña (f.)*
Gebläse – *ventilador (m.)*
gebraten – *frito*
(Autobahn)gebühren – *peaje (m.)*
Gebühren – *derechos (m.pl.)*
Gebühreneinheit – *paso (m.)*
Gebüsch – *mata (f.)*
Gefäß – *recipiente (m.)*
Gefahr – *peligro (m.)*
Gegenverkehr – *circulación (f.) en sentido opuesto*
gegrillt – *asado (a la parilla)*
Gehirnerschütterung – *conmoción (f.) cerebral*
gekocht – *cocido*
Geländewagen – *vehículo (m.) todo terreno*
gelb – *amarillo*
Gelbsucht – *ictericia (f.)*
Geldanweisung – *giro postal (m.)*
Gelenkschmerzen – *dolores (m.pl.) articulares*
Gemälde – *cuadro (m.)*
gemahlen – *molido*
Gemüse – *verduras (f.pl.)*
Gemüseeintopf – *pisto (m.) manchego*
Gemüsehändler – *verdulería (f.)*
Gepäck – *equipaje (m.)*
geradeaus – *todo recto*
Geschenkartikel – *artículos (m.) de regalos*
Geschirr – *vajilla (f.)*
geschnitten (in Scheiben) – *cortado (en rodajas, rebanadas)*
Geschwindigkeitsbegrenzung – *limitación (f.) de velocidad*
gestern – *ayer*
gestreift – *rayado*
(un)geteert – *sin asfaltar/ asfaltado*
Getränke – *bebidas (f.pl.)*
Getriebe – *cambio (m.) de velocidades*
Getriebegehäuse – *caja (f.) de cambios*

getrocknet – *secado*
Gewitter – *tormenta (f.)*
Gewürze – *especias (f.pl.)*
Gin – *ginebra (f.)*
Gipsverband – *vendaje (m.) de yeso*
Glas – *vaso (m.)/ copa (f.), (Material:) vidrio (m.)*
Glatteis – *superficie (f.) helada*
Glühbirne – *bombilla (f.)*
Goldbrassen – *dorada (f.)*
Golfplatz – *campo (m.) de golf*
Golfschläger – *pala (f.)*
Gotik – *estilo gótico (m.)*
Grapefruit – *pomelo (m.)*
grau – *gris*
Graupel – *llovizna (f.)*
Grillen – *asar*
Grillkohle – *carbón (m.)*
Grippe – *gripe (f.)*
groß – *grande*
Grotte – *gruta (f.)*
grün – *verde*
Gummiband – *cinta (f.) elástica*
Gummilitze – *cordón (m.) de goma*
Gummistiefel – *botas de agua (f.pl.)*
Gurke (Salat-) – *pepino (m.), (eingelegte) pepinillo (m.)*

H

Haarbürste – *cepillo (m.) para el cabello*
Haarkur – *mascarilla (f.) capilar*
Hackfleisch – *carne picada (f.)*
Hähnchen – *pollo (m.)*
Hämorrhoiden – *hemorroides (m.pl.)*
häßlich – *feo*
Haferflocken – *copos (m.pl.) de avena*
Haftungsausschluß – *exención (f.) de responsabilidad*
Halbschuhe – *zapatos (m.pl.)*
Hals – *cuello (m.)*
Hals-, Nasen-, Ohrenarzt – *otorrinolaringólogo (kurz: otorrino) (m.)*
Halstuch – *pañuelo (m.), bufanda (f.)*
Halsweh – *dolor (m.) de garganta*
Hammer – *martillo (m.)*
Hand – *mano (f.)*
Handball – *balonmano (m.)*
Handbremse – *freno (m.) de mano*

Handschuhe – *guantes (m.pl.)*
Handschuhfach – *guantera (f.)*
Handtuch – *toalla (f.)*
Hase – *liebre (f.)*
Haselnüsse – *avellanas (f.pl.)*
Hauptspeise – *plato principal (m.)*
Hauptwäsche – *lavado (m.) principal*
Haushaltswaren – *artículos domésticos (m.pl.)*
Haut – *piel (f.)*
Hautarzt – *dermatólogo (m.)*
Hecht – *merluza (f.)*
Heckklappe – *portón (m.) trasero*
Heckscheibenheizung – *cristal (m.) térmico*
heiter (Wetter) – *despejado*
Heizung – *calefacción (f.)*
hell – *claro*
Helm – *casco (m.)*
Hemd – *camisa (f.)*
Herbst – *otoño (m.)*
Hering (Fisch) – *arenque (m.)*
Hering (Zelt-) – *estaquilla (f.)*
Herrenbekleidung – *prendas (f.) de señor, confección (f.) para caballeros*
Herrenhaus – *casa (f.) señorial*
Herz – *corazón (m.)*
Heuschnupfen – *catarro (m.) del heno*
heute – *hoy*
Hexenschuß – *lumbago (m.)*
Hilfe – *ayuda (f.)*
Himbeeren – *frambuesas (f.pl.)*
hinten – *atrás*
Hinterradantrieb – *tracción (f.) trasera*
Hirn – *sesos (m.pl.)*
Hitzschlag – *insolación (f.)*
Hochseefischen – *pesca (f.) marítima*
Höhle – *cueva (f.)*
Hörnchen – *croissant (m.)*
Höschenwindeln – *bragapañales (m.pl.)*
Holz – *madera (f.)*
Honig – *miel (f.)*
Horn – *cuerno (m.)*
Hose – *pantalón (m.)*
Hügel – *colina (f.)*
Hühnerauge – *callo (m.)*
Huhn – *pollo (m.)*
Hummer – *bogavante (m.)*
Hunger – *hambre*

Husten – *tos (f.)*
Hustenmittel – *remedio (m.) contra la tos*
Hustensaft – *jarabe (m.) contra la tos*
Hut – *sombrero (m.)*

I

Impfpaß – *carnet (m.) de vacunación*
Impfung – *vacuna (f.)*
Inbusschlüssel – *"llave ""allen"" (f.)"*
Innenrückspiegel – *retrovisor interior*
Insekten – *insectos (m.pl.)*
interessant – *interesante*
Internationaler Krankenschein – *volante (m.) internacional de seguro de enfermedad*
Ischias – *ciática (f.)*

J

ja – *sí*
Jacke – *chaqueta (f.)*
Jagen – *caza (f.)*
Jahr – *año*
Jahrhundert – *siglo (m.)*
Jeans – *vaqueros (m.pl.)*
Joghurt – *yogur (m.)*
Johannisbeeren – *grosellas (f.pl.)*
Jugendherberge – *albergue de juventud*
Jugendherbergsausweis – *carnet de albergue de juventud*
Jugendstil – *art nouveau (frz.), arte (m.) nuevo, modernismo (m.)*
Juwelier – *joyería (f.)*

K

Kabel – *cable (m.)*
Kabeljau – *bacalao (m.)*
Käse – *queso (m.)*
Kaffee – *café (m.)*
Kalbfleisch – *carne de ternera*
kalt – *frio*
Kamm – *peine (m.)*
Kanal – *canal (m.)*
Kaninchen – *conejo (m.)*
Kanusport – *piragüismo (m.)*
Kapelle – *capilla (f.)*
Kapern – *alcaparras (f.pl.)*
Kapselheber – *descapsulador (m.)*
Kapseln – *cápsulas (f.pl.)*
Karfreitag – *viernes (m.) santo*

kariert – *de cuadros*
Karosserie – *carrocería (f.)*
Karotten – *zanahorias (f.pl.)*
Karpfen – *carpa (f.)*
Kartoffeln – *patatas (f.pl.)*
Kasse – *caja (f.)*
Kastanien – *castañas (f.pl.)*
Kaufhaus – *grandes almacenes (f.pl.)*
Kaution – *fianza)f*
Kegeln – *juego (m.) de bolos*
Kekse – *galletas (f.pl.)*
Kellner – *camarero (m.)*
Keramik – *cerámica (f.)*
Kerbel – *perifollo (m.)*
Kette – *cadena (f.)*
Kettenfett – *grasa (f.) para cadenas*
Keule – *muslo (m.)*
Kichererbsen – *garbanzos (m.pl.)*
Kiefer – *pino (m.)*
Kies – *arena (f.) gruesa*
Kilometerpauschale – *kilometraje (m.) global*
Kinder – *niños (m.pl.)*
Kinderarzt – *pediatra (m.)*
Kirche – *iglesia (f.)*
Kirschen – *cerezas (f.pl.)*
Klebeband – *cinta (f.) adhesiva*
Kleid – *vestido (f.)*
klein – *pequeño*
Kleinbildfilm – *película (f.) de pequeño formato*
Kleinigkeit – *cosita (f.), tapa (f.), ración (f.)*
Kleinwagen – *coche (m.) pequeño*
Klima – *clima (m.)*
Klimaanlage – *climatización (f.)*
Klingel – *timbre (m.)*
Knie – *rodilla (f.)*
Knoblauch – *ajo (m.)*
Knochen – *hueso (m.)*
Knöchel – *tobillo (m.)*
Knopf – *botón (m.)*
Kochen – *cocer*
Kocher – *hornillo (m.)*
Kochstelle – *lugar (m.) para cocinar*
Kofferraum – *maletero (m.)*
Kognak – *coñac (m.)*
Kohl – *col (f.)*
Kokosnuß – *coco (m.)*
Kompresse – *compresa (f.)*

Konditorei – *pastelería (f.)*
Kontaktlinsen – *lentes (f.pl.) de contacto*
Konto – *cuenta (f.)*
Kontrolleuchte – *lámpara (f.) piloto*
Kopfkissen – *almohada (f.)*
Kopfsalat – *lechuga (f.)*
Kopfschmerzen – *dolor (m.) de cabeza*
Kopfstütze – *reposa (m.) cabeza*
Korkenzieher – *sacacorchos (m.)*
Kostüm – *conjunto (m.)*
Kotelett – *chuleta (f.)*
Koteletten – *patillas (f.pl.)*
Kotflügel – *aleta (f.)*
Kräuter – *hierbas (f.pl.)*
Kräuterlikör – *hierbas (f.pl.)*
Kräutertee – *infusión (f.)*
Kraftbrühe – *consomé (m.)*
Kragen – *cuello (m.)*
(Waden)Krampf – *calambre (m.)*
Krankenhaus – *hospital (m.)*
Krankenkasse – *seguridad (f.) social (staatlich), seguro (m.) de enfermedad (privat)*
Krawatte – *corbata (f.)*
Krebs – *cangrejo (m.)*
Kreditkarte – *tarjeta de credito (f.)*
Kreisverkehr – *tráfico (m.) circular*
Kreuz – *cruz (f.)*
Kreuzgang – *claustro (m.)*
Kreuzung – *cruce (m.)*
Kröte – *sapo (m.)*
Kroketten – *croquetas (f.pl.)*
Kuchen – *pastel (m.)*
Küche – *cocina*
Kühler – *radiador (m.)*
Kühlergrill – *embellecedor (m.) del radiador*
Kümmel – *comino (m.)*
Kürbis – *calabaza (f.)*
Kugellager – *rodamiento (m.) de bolas*
Kupferstich – *estampa (f.) en cobre*
Kuppel – *cúpula (f.)*
Kupplung(spedal) – *ombrague (m.) (pedal de embrague)*
Kurbelwelle – *eje (m.) de cigüeñal*
Kurve – *curva (f.)*
Kurzwaren – *mercería (f.)*

L

Lachs – *salmón (m.)*
Ländervorwahl – *indicativo del país (m.)*
Lagune – *laguna (f.)*
Lamm – *cordero (m.)*
Landschaft – *paisaje (m.)*
Landschaftsgarten – *jardín (m.) inglés*
Landstraße – *carretera (f.)*
Languste – *langosta (f.)*
langweilig – *aburrido*
Lauch – *puerro (m.)*
Lava – *lava (f.)*
Lebensmittel – *alimentación (f.)*
Lebensmittelallergie – *alergia (f.) alimentaria*
Lebensmittelvergiftung – *intoxicación (f.) alimenticia*
Leber – *hígado (m.)*
Leder – *piel (f.)*
Lederwaren – *artículos (m.pl.) de piel*
Leim – *cola (f.)*
Lenker – *manillar (m.)*
Lenkrad – *volante (m.)*
Lenkradschloß – *cerradura (f.) del volante*
lieber ... als – *mejor ... que*
Likör – *licor (m.)*
lila – *lila*
Limonade – *limonada (f.)*
links – *a la izquierda*
Linsen – *lentejas (f.pl.)*
LKW – *camión (m.)*
Lockenwickler – *bigudí (m.)*
Loge – *palco (m.)*
Luftpost – *por avión*
Luftpumpe – *bomba (f.) para neumáticos*
Lunge – *pulmón (m.)*

M

Magen – *estómago (m.)*
Mais – *maíz (m.)*
Majoran – *mejorana (f.)*
Makkaroni – *macarrones (m.pl.)*
Makrele – *caballa (f.)*
Malaria – *malaria (f.), paludismo (m.)*
Mandarinen – *mandarinas (f.pl.)*
Mandelentzündung – *amigdalitis (f.)*
Mandeln – *almendras (f.pl.)*
mangeln – *prensar*

Maniküre – *manicura (f.)*
Mantel (Reifen) – *cubierta (f.) de neumático*
Mantel – *abrigo (m.)*
Markt – *mercado (m.)*
Marmelade – *mermelada (f.)*
Marmor – *mármol (m.)*
Masern – *sarampión (m.)*
Maske – *máscara (f.)*
Massage – *masaje (m.)*
Mauer – *muro (m.)*
Mayonnaise – *mayonesa (f.)*
medium (Steak) – *al punto/ medio hecho*
Meer – *mar (m.)*
Meerenge – *estrecho (m.)*
Meeresfrüchte – *mariscos (m.pl.)*
Mehl – *harina (f.)*
mehr – *más*
Mehrbettzimmer – *habitación multiple*
Meißel – *cincel (m.)*
Melone – *melón (m.)*
Messer – *cuchillo (m.)*
Metzger – *carnicería (f.)*
Miesmuscheln – *mejillones (m.pl.)*
Mietdauer – *duración (f.) del alquiler*
Migräne – *jaqueca (f.), migraña (f.)*
Milch – *leche (f.)*
Milchgeschäft – *lechería (f.)*
Milchmixgetränk – *batido (m.)*
Milchreis – *arroz (m.) con leche*
Minigolf – *minigolf (m.)*
Minze – *menta (f.)*
Mirabelle – *ciruela (f.) amarilla*
Mispel – *níspero (m.)*
mit – *con*
Mittag(s) – *(al) mediodía*
Mittagessen – *comida (f.)*
Mittelalter – *edad (f.) media*
Mittelohrentzündung – *otitis (f.) media*
Mittwoch – *miércoles (m.)*
Möbel – *muebles (m.pl.)*
Möwe – *gaviota (f.)*
Mofa – *ciclomotor (m.)*
Montag – *lunes (m.)*
morgen – *mañana*
Mosaik – *mosaico (m.)*
Moschee – *mezquita (f.)*
Motorhaube – *capó (m.)*

Motorrad – *motocicleta (f.)*
Motorroller – *scooter (m.)*
Motorsport – *motociclismo (m.)*
Mücke – *mosquito (m.)*
Mündung – *desembocadura (f.)*
Mütze – *gorro (m.)*
Mumps – *parotiditis (f.)*
Muschel – *concha (f.)*
Muscheln (Mieß-) – *mejillones (m.pl.)*
Museum – *museo (m.)*
Muskat – *nuez moscada (f.)*
Muskelriß – *desgarro (m.) muscular*
Mutter – *tuerca (f.) (techn.)*

N

Nabe – *cubo (m.)*
nach – *después de*
Nachname – *apellido (m.)*
Nachspeise – *postre (m.)*
Nacht(s) – *(por) la noche*
Nachthemd – *camisón (m.)*
Nähgarn – *hilo (m.) de coser*
Nähmaschinenöl – *aceite (m.) para máquinas de coser*
Nähnadel – *aguja (f.)*
Nagel – *clavo (m.)*
Nagel (Finger) – *uña (f.)*
Nagelfeile – *lima (f.) para uñas*
nah – *cerca*
Nase – *nariz (f.)*
Nasenbluten – *hemorragia (f.) nasal*
Natter – *culebra (f.)*
natürlich – *claro*
Naturschutzgebiet – *reserva (f.) natural*
Nebel – *niebla (f.)*
Nebellicht – *faro (m.) antiniebla*
Nebelschlußleuchte – *testigos (m.pl.) antiniebla*
nein – *no*
Nelken – *clavos (m.pl.)*
Nerven – *nervios (m.pl.)*
nett – *amable*
Neujahr – *año (m.) nuevo*
Niere – *riñón (m.)*
Niesel – *granizo (m.)*
Niete – *remache (m.)*
Nockenwelle – *árbol (m.) de levas*
Norden – *norte (m.)*

Nudeln – *tallarines (m.pl.)*
Nüsse – *nueces (f.pl.)*

O

Objektiv – *objetivo (m.)*
Observatorium – *observatorio (m.)*
Obst – *fruta (f.)*
Obsthändler – *frutería (f.)*
Obstsalat – *macedonia (f.) de frutas*
Öl – *aceite (m.)*
Ölpumpe – *bomba (f.) de aceite*
Ölwanne – *cárter (m.) de aceite*
ohne – *sin*
Ohr – *oreja (f.)*
Ohrensausen – *zumbido (m.) de oídos*
Oliven – *aceitunas (f.pl.)*
Omelette – *tortilla francesa (f.)*
Optiker – *óptico (m.)*
orangefarben – *(color) naranja*
Orange – *naranjas (f.pl.)*
Oregano – *orégano (m.)*
Orthopäde – *ortopedista (m.)*
Osten – *este (m.)*
Ostern – *pascua (f.)*

P

Packriemen – *correa (f.) para equipaje*
Packtasche – *alforjas (f.pl.)*
Paddelboot – *canoa (f.)*
Paket – *paquete (m.)*
Pampelmuse – *pomelo (m.)*
paniert – *rebozado*
Panorama – *panorama (m.)*
Papierwaren – *papelería (f.)*
Pappel – *álamo (m.)*
Paprika – *pimiento (m.)*
Paprikapulver – *pimentón (m.)*
Paragliding – *paragliding (m.)*
Paranüsse – *nuez del Brasil (f.)*
Parkett – *platea (f.)*
Parkhaus – *garaje (m.) de aparcamiento*
Parkuhr – *parcómetro (m.)*
Parkverbot – *aparcamiento (m.) prohibido*
Pedale – *pedal (m.)*
Pediküre – *pedicura (f.)*
Periode (Menstruation) – *menstruación (f.), regla (f.)*

Perücke – *peluca (f.)*
Petersilie – *perejil (m.)*
Petroleum – *petroleo (m.)*
Pfeffer – *pimienta (f.)*
Pfingsten – *segunda pascua (f.), pentescostés (m.)*
Pfirsich – *melocotón (m.)*
Pflaster – *tiritas (f.pl.)*
Pflaume – *ciruela (f.)*
Pilze – *setas (f.pl.)*
Pilzinfektion – *infección (f.) de hongos*
Pinie – *pino (m.) negro*
Pinienkerne – *piñones (m.pl.)*
Pinsel – *pincel (m.)*
Pistazien – *pistachos (m.pl.)*
Piste – *pista (f.)*
Platane – *plátano (m.)*
Platz – *plaza (f.), localidad (f.), butaca (f.)*
Platzanweiser/in – *acomodador/a (m/f)*
Polizei – *policía (f.)*
Pommes frites – *patatas fritas*
Pony (Frisur) – *flequillo (m.)*
Porree – *puerro (m.)*
Portal – *portal (m.)*
Portion .... – *ración (f.) de ...*
Porzellan – *porcelana (f.)*
Postamt – *oficina (f.) de correos*
Postkarte – *tarjeta (f.) postal*
Postsparbuch – *libreta postal de ahorros (f.)*
Postsparkasse – *caja (f.) postal*
Präservative – *preservativos (m.pl.)*
Preiselbeeren – *arándanos (m.pl.)*
Prellung – *contusión (f.)*
Privatzimmer – *habitaciones en casas de particulares*
Programm – *programa (m.)*
Prost / Zum Wohl!! – *Salud / A su salud!*
Pudding – *pudín (m.)*
Puder – *talco (m.)*
Pullover – *jersey (m.)*
Pullunder – *chaleco (m.)*
Pute – *pava (f.)*

Q

Qualle – *medusa (f.)*
Quark – *queso fresco (m.), requesón (m.)*
Quelle – *fuente (f.)*

Quitte – *membrillo (m.)*
Quittung – *recibo (m.)*

R

R-Gespräch – *llamada (f.) a cobro revertido*
Rad – *rueda (f.)*
Radarkontrolle – *control (m.) de radar*
Radfahren – *ciclismo (m.)*
Radio – *radio (f.)*
Rahmen – *cuadro (m.)*
Rasierapparat – *maquina (f.) de afeitar*
Rasierklingen – *hoja (f.) de afeitar*
Rasierpinsel – *brocha (f.) de afeitar*
Rasierseife – *jabón (m.) de afeitar*
Rasierwasser – *loción (f.) de afeitar*
Rathaus – *ayuntamiento (m.)*
Rebhuhn – *perdiz (f.)*
Rechnung – *cuenta (f.)*
rechts – *a la derecha*
Reflektor – *reflector (m.)*
Regen – *lluvia (f.)*
Regencape – *capa (f.) para la lluvia*
Regenjacke – *chaqueta (f.) para la lluvia*
Regenmantel – *impermeable (m.)*
Regenschirm – *paraguas (m.)*
Reifen – *neumático (m.)*
Reifendruck – *presión (f.) del neumático*
Reihe – *fila (f.)*
Reis – *arroz (m.)*
Reisekrankheit – *mareo (m.) (de viajes)*
Reispfanne – *paella (f.)*
Reißverschluß – *cremallera (f.)*
Reiten – *equitación (f.)*
Reklamation – *reclamación (f.)*
Renaissance – *renacimiento (m.)*
Reserverad – *rueda (f.) de repuesto*
Reservierung – *reservación (f.)*
Rettich – *rábano (m.)*
Rettungswagen – *ambulancia (f.)*
Rezept – *receta (f.)*
Rezeption – *recepción (f.)*
Rindfleisch (vom Ochsen) – *carne de buey, (von der Kuh) carne de vaca*
Rippen – *costillas (f.pl.)*
Rochen – *raya (f.)*
Rock – *falda (f.)*
Röteln – *rubéola (f.)*

Roggen – *centeno (m.)*
roh – *crudo*
Rohrzange – *alicates (m.pl.) para tubos*
Rollfilm – *carrete (m.)*
Rollsplitt – *gravilla (f.)*
Rolltreppe – *escalera (f.) mecánica*
rosa – *rosa*
Rosenkohl – *col (f.) de Bruselas*
Roséwein – *vino rosado*
Rosinen – *pasas (f.pl.)*
Rosmarin – *romero (m.)*
Roßkastanie – *castaña (f.) silvestre*
rot – *rojo*
Rote Bete – *remolacha (f.)*
Rotwein – *vino tinto*
Rotwild – *venado (m.)*
Ruderboot – *barco (m.) de remos*
Rücken – *espalda (f.)*
Rückenlehne – *respaldo (m.)*
Rückenschmerzen – *dolor (m.) de espalda*
Rücklicht – *luz (f.) trasera*
Rücktritt – *contrapedal (m.)*
Rührei – *revoltillo (m.)*
Ruine – *ruina (f.)*
Rum – *ron (m.)*

S

Säge – *sierra (f.)*
Säulen – *columnas (f.pl.)*
Safran – *azafrán (m.)*
Saft – *zumo (m.)*
Sahne – *nata (f.), (saure:) nata agria, (süße:) nata (f.) dulce*
Sakko – *chaqueta (f.)*
Salat – *ensalada (f.)*
Salbe – *crema (f.)*
Salbei – *salvia (f.)*
Salmonellenvergiftung – *intoxicación (f.) por salmonelas*
Salz – *sal (f.)*
Samstag/Sonnabend (m.) – *sábado*
Sand – *arena (f.)*
Sandalen – *sandalias (f.pl.)*
Sandbank – *banco (m.) de arena*
Sardellen – *boquerones (m.pl.)*
Sardinen – *sardinas (f.pl.)*
Sarkophag – *sarcófago (m.)*

satt – *satisfecho/satisfecha*
Sattel – *sillín (m.)*
Sauce – *salsa (f.)*
sauer – *agrio*
Sauerkraut – *chucrut (m.)*
Saum – *dobladillo (m.)*
Sauna – *sauna (f.)*
Schaden – *daño (m.)*
Schal – *bufanda (f.)*
Schalthebel – *palanca (f.) de cambio*
Schaumwein – *cava (m.)*
Scheck – *cheque (m.)*
Scheckgebühr – *comisión (f.)/ recargo (m.) sobre un cheque*
Scheibe (Brot) – *rebanada (f.), (Wurst/ Käse:) rodaja (f.), lonja (f.)*
Scheibenwischer – *limpiaparabrisas (m.)*
Schere – *tijeras (f.pl.)*
Scheuermittel – *producto (m.) para fregar*
Schiefer – *pizarra (f.)*
Schienbein – *canilla (f.)*
Schilf – *juncos (m.pl.)*
schimmelig – *enmohecido*
Schinken – *jamón (m.), (roh/ gekocht) jamón (m.) (serrano/ dulce)*
Schirm – *paraguas (m.)*
Schlafanzug – *pijama (m.)*
Schlafmittel – *somnífero (m.)*
Schlafsaal – *sala de dormir*
Schlaglöcher – *baches (m.pl.)*
Schlagsahne – *nata (f.)*
Schlange – *serpiente (f.)*
Schlauch (Fahrrad) – *cámara (f.) de aire*
Schlauch (Gummi-) – *tubo (m.) de goma*
Schlauch (Wasser-) – *manguera (f.)*
Schleifpapier – *papel (m.) de lija*
Schleudergefahr – *firme (m.) deslizante*
Schloß – *castillo (m.)*
Schlucht – *barranco (m.)*
Schlüssel – *llave (f.)*
Schmerzmittel – *remedio (m.) contra el dolor*
schminken (sich) – *maquillar(se)*
Schmorfleisch – *estofado (m.)*
Schnaps – *aguardiente (m.)*
Schnauzbart – *bigote (m.)*
Schnecken – *caracoles (m.pl.)*
Schnee – *nieve (f.)*
Schneiderei – *sastería (f.)*

Schnellstraße – *autovía (f.)*
Schnittlauch – *cebollino (m.)*
Schnitzel – *escalope (m.)*
Schnorcheln – *buceo (m.) con esnórquel*
Schnürsenkel – *cordones (m.pl.)*
schön – *bello*
Schokolade – *chocolate (m.)*
Schraube – *tornillo (m.)*
Schraubenschlüssel – *llave (f.) para tuercas*
Schraubenzieher – *destornillador (m.)*
Schüttelfrost – *escalofrío (m.)*
Schuhgeschäft – *zapatería (f.), tienda (f.) de calzado*
Schule – *escuela (f.)*
Schuppen – *caspa (f.)*
Schutzblech – *parafango (m.)*
schwarz – *negro*
Schwarzweißfilm – *carrete (m.) de blanco y negro*
Schwein – *cerdo (m.)*
Schwimmen – *natación (f.)*
Schwitzen – *sudor (m.)*
See – *lago (m.)*
Seeigel – *erizo marino (m.)*
Segelboot – *barco de vela*
Segelfliegen – *vuelo (m.) sin motor*
Segeln – *navegación (f.) a vela*
Sehnenzerrung – *distensión (f.) de un tendón*
Seife – *jabón (m.)*
Selbstbedienung – *autoservicio (m.)*
Sellerie – *apio (m.)*
Senf – *mostaza (f.)*
Sessellift – *telesilla (f.)*
Shampoo – *champú (m.)*
Sherry – *jerez (m.)*
Shorts – *short (m.)*
Sicherheitsnadel – *imperdible (m.)*
Sicherung – *fusible (m.)*
Sims – *moldura (f.)*
Skorpion – *escorpión (m.)*
Socken – *calcetines (m.pl.)*
Sohle – *suela (f.)*
Sommer – *verano (m.)*
Sonne – *sol (m.)*
Sonnenbank – *solario (m.)*
Sonnenbrand – *quemadura (f.) del sol*
Sonnenbrille – *gafas (f.pl.) de sol*

Sonnenhut – *sombrero de sol (m.)*
Sonnenöl – *aceite (m.) solar*
Sonnenschirm – *sombrilla (f.)*
Sonnenstich – *insolación (f.)*
Sonntag – *domingo (m.)*
Spachtel – *espátula (f.)*
Spaghettis – *espaguetis (m.pl.)*
Spanferkel – *cochinillo (m.)*
Spargel – *espárrago (m.)*
Speck – *tocino (m.), bacón (m.)*
Speichen – *rayos (m.pl.)*
Speisekarte – *carta (f.)*
Speiseröhre – *esófago (m.)*
Spiegel – *espejo (m.)*
Spielzeugwaren – *juguetes (m.pl.)*
Spieß – *brocheta (f.)*
Spinat – *espinacas (f.pl.)*
Spiritus – *alcohol (m.)*
Sportartikel – *artículos (m.pl.) de deporte*
Spülbürste – *cepillo (m.) para fregar platos*
Spüllappen – *fregador (m.)*
Spülmittel – *lava vajillas (m.)*
Staatsangehörigkeit – *nacionalidad (f.)*
Ständer (Fahrrad) – *soporte (m.) para bicicletas*
Standlicht – *luz (f.) de posición*
Starthilfekabel – *cable (m.) para puente eléctrico*
Stausee – *embalse (m.)*
Stiefel – *botas (f.pl.)*
Stockfisch – *bacalao (m.)*
Stockfischsalat – *esqueixada (f.)*
Störung – *avería (f.)*
Störungsstelle – *averías (f.pl.)*
Stoff – *tela (f.), tejido (m.)*
Stopp – *alto*
Stoßdämpfer – *amortiguador (m.)*
Stoßstange – *parachoques (m.)*
Strand – *playa (f.)*
Straße (in der Ortschaft) – *calle (f.)*
Strauch – *arbusto (m.)*
Strom – *río (m.)*
Stromschnelle – *recial (m.)*
Strümpfe – *calcetines (m.pl.) largos*
Strumpfhose – *medias (f.pl.)*
Stufenschnitt – *corte (m.) escalonado*
Sturm – *borrasca (f.)*
Süden – *sur (m.)*

süß – *dulce*
Süßwaren – *dulces (m.pl.)*
Süßwein – *vino dulce*
Superbenzin – *super (m.)*
Suppe – *sopa (f.)*
Surfbretter – *tablas de windsurf (f.pl.)*
Surfen – *surf (m.)*
Synagoge – *sinagoga (f.)*

T

T-Shirt – *camiseta (f.)*
Tabak – *tabaco (m.)*
Tabakladen – *estanco (m.)/ tabacos (m.pl.)*
Tabletten – *pastillas (f.pl.)*
Tachometer – *tacómetro (m.)*
Tal – *valle (m.)*
Tampons – *tampones (m.pl.)*
Tank – *depósito (m.) de combustible*
Tankschloß – *cerradura (f.) del depósito*
Tankstelle – *gasolinera (f.)*
Tasche (in Kleidungsstücken) – *bolsillo (m.)*
Taschenlampe – *linterna (f.) (de bolsillo)*
Taschentuch – *pañuelo (m.)*
Taube – *paloma (f.)*
Tauchausrüstung – *equipo (m.) de buceo*
Tauchen – *buceo (m.)*
Taufbecken – *pila (f.) bautismal*
Tee – *té (m.)*
Teelöffel – *cucharilla (f.)*
Teich – *estanque (m.)*
Teigwaren – *pastas (f.pl.)*
Telefon – *teléfono (m.)*
Telefon-Vorwahl – *indicativo (m.)*
Telefonbuch – *guía (f.) de teléfonos*
Telefonzelle – *cabina (f.) de teléfono*
Teller – *plato (m.)*
Tennis – *tenis (m.)*
Tennisplatz – *pista (f.) de tenis*
Tennisschläger – *raqueta (f.) de tenis*
Tetanus – *tétanos (m.)*
Theater – *teatro (m.)*
Thymian – *tomillo (m.)*
Tiere – *animales (m.pl.)*
Tinktur – *tintura (f.)*
Tintenfisch – *calamares (m.pl.)*
Tischtennis – *ping pong (m.)*
Toastbrot – *pan tostado*

Toilette – *lavabo (m.)*
Toilettenpapier – *papel (f.) higiénico*
Tomaten – *tomates (m.pl.)*
Tor – *portón (m.)*
Torte – *tarta (f.)*
Toupet – *bisoñé (m.)*
Tretboot – *patín acuático (m.)*
Tretlager – *cojinete (m.) de la biela*
Trinkwasser – *agua (f.) potable*
Trockenhaube – *casco (m.) secador*
Trödler – *ropavejero (m.)/ baratillero (m.)*
Tropfen – *gotas (f.pl.)*
Türgriff – *puño (m.) de puerta*
Türschloß – *cerradura (f.)*
Tüte – *cucurucho (m.)/ bolsa de papel (f.)*
Turm – *torre (f.)*

U

überholen – *adelantar*
übermorgen – *pasado mañana*
Übelkeit – *mareo (m.)*
telegrafische Überweisung – *giro (m.) telegráfico*
Uhr – *reloj (m.)*
Uhrmacher – *relojero (m.)*
Umleitung – *desvío (m.)*
und – *y*
Unfall – *accidente (m.)*
Untergeschoß – *sótano (m.)*
Unterhemd – *camiseta (f.)*
Unterhose – *calzoncillos (m.pl.)*
Unterlegscheibe – *arandela (f.)*
Unterleibsschmerzen – *dolores (m.pl.) abdominales*
Unterschrift – *firma (f.)*
Unterwäsche – *ropa (f.) interior*

V

Ventil – *válvula (f.)*
Verbandskasten – *botiquín (m.)*
Verbrennung – *quemadura (f.)*
verdorben – *podrido*
Vergaser – *carburador (m.)*
Vorkäufer/-in – *vendedor/ vendedora (m/ f)*
Verletzte – *heridos (m.pl.)*
Vermittlung – *central (f.)/ operadora (f.)*
Verstauchung – *dislocación (f.), distorción (f.)*

Verstopfung – *estreñimiento (m.)*
Verzeihung, es tut mir leid – *Perdón, lo siento*
Viper – *víbora (f.)*
Vögel – *pájaros (m.pl.)*
Vogelschutzgebiet – *reserva (f.) ornitológica*
Vollbart – *barba (f.)*
Volleyball – *volley ball (m.)*
Vollkasko(versicherung) – *(seguro) (m.) contra todo riesgo*
Vorderlicht – *luz (f.) delantera*
Vorderrad – *rueda (f.) delantera*
Vorderradantrieb – *tracción (f.) delantera*
Vormittag(s) – *(por) la mañana*
vorn – *delante*
Vorname – *nombre (m.)*
Vorspeise – *primer plato (m.)/ entrada (f.)*
Vorwaschen – *prelavado (m.)*
Vulkan – *volcán (m.)*

W

Wachtel – *codorniz (f.)*
Wade – *pantorrilla (f.)*
Wäsche/ Miederwaren – *ropa (f.)/ corsetería (f.)*
Wäscheabteilung – *departamento (m.) de lencería*
Wäschetrockner – *secador (m.)*
Wald – *bosque (m.)*
Walnüsse – *nueces (f.pl.)*
Wandern – *excursionismo (m.)*
Warm – *caliente*
Warnlicht – *intermitente (m.) de alarma*
Wartezimmer – *sala (f.) de espera*
Waschen – *lavado (m.)*
Waschlappen – *guante (m.) de tocador*
Waschmaschine – *lavadora (f.)*
Waschmittel – *detergente (m.)*
Waschraum – *cuarto (m.) de banjo*
Waschsalon (Selbstbedienungs-) – *lavandería (f.) (de autoservicio)*
Wasser – *agua (f.)*
Wasserfall (groß) – *catarata (f.), (klein) cascada (f.)*
Wasserkanister – *bidón (m.) de agua*
Wassermelone – *sandía (f.)*
Wasserski – *esquí (m.) náutico*
Watt – *aguas (f.pl.) bajas*
Watte – *algodón (m.)*
WC – *vater (m.)*

wechselhaft – *variable*
Wecker – *despertador (m.)*
(Feld-)Weg – *camino (m.)*
Weihnachten – *navidad (f.)*
Wein – *vino (m.)*
Weinberge – *viñedos (m.pl.)*
Weinbrand – *brandy (m.)*
Weinhandlung – *bodega (f.)*
Weintrauben – *uvas (f.pl.)*
weiß – *blanco*
Weißkohl – *repollo (m.)*
Weißwein – *vino blanco*
weit – *lejos*
Weizen – *trigo (m.)*
weniger – *menos*
Werkzeugkasten – *caja (f.) de herramientas*
Wermutwein – *vermut (m.)*
Weste – *chaleco (m.)*
Westen – *e (m.)*
Wetterbericht – *informe (m.) meteorológico*
Wiese – *pradera (f.)*
Wildragout – *civet (m.)*
Wildschwein – *jabalí (m.)*
Wildwasserkanusport – *piragüismo (m.) en torrentes*
Wind – *viento (m.)*
Windeln – *pañales (m.pl.)*
Windpocken – *varicela (f.)*
Windschutzscheibe – *parabrisas (m.)*
Winkel – *escuadra (f.)*
Winter – *invierno (m.)*
Woche – *semana (f.)*
Wohnmobil – *autocaravana (f.), motorhome (m.)*
Wohnort – *domicilio (m.)*
Wolle – *lana (f.)*
Würstchen – *salchicha (f.)*
Wüste – *desierto (m.)*
Wunde – *herida (f.)*

Wurst – *embutido (m.)*

Z

Zahlkarte – *impreso (m.) para un giro postal*
Zahn – *diente (m.),(Backenzahn) muela (f.)*
Zahnarzt – *dentista (m.), odontólogo (m.)*
Zahnbürste – *cepillo (m.) de dientes*
Zahnpasta – *pasta (f.) de dientes*
Zahnschmerzen – *dolores (m.pl.) de muelas*
Zange – *tenazas (f.pl.)*
Zapfhahn – *grifo (m.) con racor*
Zapfsäule – *surtidor (m.) de gasolina*
Zehen – *dedos (m.pl.) del pie*
Zeitschrift – *revista (f.)*
Zeitung – *periódico (m.)*
Zeitungshändler – *vendedor (m.) de prensa*
Zelt – *tienda (f.)*
Zeltstange – *palo (m.) de tienda*
Zicklein – *cabrito (m.)*
Ziegel(stein) – *ladrillo (m.)*
Zigaretten – *cigarrillos (m.pl.)*
Zigarillo – *cigarrito (m.pl.)*
Zigarre – *puro (m.)*
Zimmermädchen – *camarera (f.)*
Zimt – *canela (f.)*
Zitrone – *limón (m.)*
Zollstock – *metro (m.)*
Zoo – *parque (m.) zoológico*
Zucchini – *calabacines (m.pl.)*
Zucker – *azucar (m.)*
Zündhölzer – *cerillas (f.pl.)*
Zündkerze – *bujía (f.)*
Zündschloß – *cerradura (f.) de contacto*
Zündung – *encendido (m.)*
Zunge – *lengua (f.)*
Zwiebel – *cebolla (f.)*
Zypresse – *ciprés (m.)*

Spanisch – Deutsch

A

abadía (f.) – *Abtei*
abrelatas (m.) – *Dosenöffner*
abrigo (m.) – *Mantel*
aburrido – *langweilig*

accidente (m.) – *Unfall*
aceite (m.) – *Öl*
aceite (m.) solar – *Sonnenöl*
aceitunas (f.pl.), olivas (f.pl.) – *Oliven*
acelerador (m.) – *Gas(pedal)*

achicoria (f.) de Bruselas – *Chicorée*
acomodador/a (m/f) – *Platzanweiser/in*
acuario (m.) – *Aquarium*
adelantar – *überholen*
Adiós / hasta luego – *Auf Wiedersehen*
adulto (m.) – *Erwachsener*
agrio – *sauer*
agua (con gas/ sin gas) – *Wasser (mit/ ohne Kohlensäure)*
agua (f.) potable – *Trinkwasser*
aguacate (m.) – *Avokado*
aguardiente (m.) – *Schnaps*
aguas (f.pl.) bajas – *Watt*
aguja (f.) – *Nähnadel*
ajo (m.) – *Knoblauch*
ala (f.) delta – *Drachenfliegen*
alambre (m.) – *Draht*
albahaca (f.) – *Basilikum*
albaricoque (m.) – *Aprikosen*
albergue de juventud – *Jugendherberge*
albornoz (m.) – *Bademantel*
albóndigas (f.pl.) – *kleine Fleischklöße mit Sauce*
alcachofa (f.) – *Artischocke*
alcaparras (f.pl.) – *Kapern*
alcohol (m.) – *Spiritus*
alergia (f.) alimentaria – *Lebensmittelallergie*
aleta (f.) – *Kotflügel*
alforjas (f.pl.) – *Packtasche*
algodón (m.) – *Baumwolle, Watte*
alicates (m.pl.) para tubos – *Rohrzange*
alimentación (f.) – *Lebensmittel*
almejas (f.pl.) – *Herzmuscheln*
almendras (f.pl.) – *Mandeln*
almohada (f.) – *Kopfkissen*
alquiler (m.) de coches – *Autovermietung*
altar (m.) – *Altar*
alto – *Stopp*
alubias (f.pl.) – *weiße Bohnen*
amable – *nett*
amargo – *bittor*
amarillo – *gelb*
ambulancia (f.) – *Rettungswagen*
americana (f.) – *Blazer*
amigdalitis (f.) – *Mandelentzündung*
amortiguador (m.) – *Stoßdämpfer*
ampolla (f.) (en el pie) – *Blase (am Fuß)*

ancas (f.pl.) de rana – *Froschschenkel*
anchoas (f.pl.) – *kleine Sprotten, Sardellen*
anguila (f.) – *Aal*
angula (f.) – *Jung-/ Glasaal (teure Spezialität) aus dem Baskenland*
animales (m.pl.) – *Tiere*
anís (m.) – *Anis*
anticuario (m.) – *Antiquitäten*
año (m.) – *Jahr*
aparcamiento (m.) prohibido – *Parkverbot*
apartadero (m.) – *Ausweichstelle*
apellido (m.) – *Nachname*
apellido (m.) de soltera – *Geburtsname ("Mädchenname")*
apéndice (m.) – *Blinddarm*
apio (m.) – *Sellerie*
arandela (f.) – *Unterlegscheibe*
arándanos (m.pl.) – *Preiselbeeren*
árbol (m.) – *Baum*
árbol (m.) de levas – *Nockenwelle*
arbusto (m.) – *Strauch*
arena (f.) – *Sand*
arena (f.) gruesa – *Kies*
arena (f.) movediza – *Treibsand*
arenque (m.) – *Hering (Fisch)*
arrancador (m.) – *Anlasser*
arroyo (m.) – *Bach*
arroz (m.) – *Reis*
arroz (m.) con leche – *Milchreis*
artículos (m.) de regalos – *Geschenkartikel*
artículos (m.pl.) de deporte – *Sportartikel*
artículos (m.pl.) de piel – *Lederwaren*
artículos (m.pl.) domésticos – *Haushaltswaren*
asado (a la parilla) – *gegrillt*
asado (m.) – *Braten*
asar – *grillen*
ascensor (m.) – *Aufzug*
aseos (m.pl.) – *Toiletten*
asiento (m.) del acompañante – *Beifahrersitz*
asiento (m.) del conductor – *Fahrersitz*
atención (f.) – *Achtung*
atrás – *hinten*
atún (m.) – *Thunfisch*
autocaravana (f.) – *Camping-Bus*
autopista – *Autobahn*
autorradio (f.) – *Autoradio*
autoservicio (m.) – *Selbstbedienung*

autovía (f.) – _Schnellstraße_
avellanas (f.pl.) – _Haselnüsse_
avenida (f.) – _Allee_
avería (f.) – _Störung_
por avión – _Luftpost_
ayer – _gestern_
ayuda (f.) – _Hilfe_
ayuntamiento (m.) – _Rathaus_
azafrán (m.) – _Safran_
azul – _blau_
azúcar (m.) – _Zucker_

B

bacalao (m.) – _Kabeljau, Stockfisch_
baches (m.pl.) – _Schlaglöcher_
bahía (f.) – _Bucht_
balcón (m.) – _Balkon_
baloncesto (m.) – _Basketball_
balonnmano (m.) – _Handball_
banco (m.) – _Bank_
bañador (m.) – _Badehose, Badeanzug_
barba (f.) – _(Voll)bart_
barco (m.) de remos – _Ruderboot_
barco de vela – _Segelboot_
barranco (m.) – _Schlucht_
basílica (f.) – _Basilika_
basura (f.) – _Abfall_
batería (f.) – _Batterie (Auto)_
batido (m.) – _Milchmixgetränk_
bebidas (f.pl.) – _Getränke_
beige – _beige_
bello – _schön_
berberechos (m.pl.) – _Herzmuscheln_
berenjena (f.) – _Aubergine_
besugo (m.) – _Graubarsch/Rotbrasse_
biblioteca (f.) – _Bibliothek_
bidón (m.) de agua – _Wasserkanister_
bigote (m.) – _Schnauzbart_
bigudí (m.) – _Lockenwickler_
bikini (m.) – _Bikini; warmes Sandwich mit Käse und Schinken_
bisoñé (m.) – _Toupet_
bistec (m.) – _Beefsteak_
biter (m.) – _Bitter_
blanco – _weiß_
blusa (f.) – _Bluse_
bocadillo (m.) – _belegtes Brot_

bodega (f.) – _Weinhandlung_
bogavante (m.) – _Hummer_
bollo (m.) – _süßes Brötchen_
bolsa (f.) de basura – _Abfallbeutel_
bolsa (f.) – _Beutel_
bolsillo (m.) – _Tasche (in Kleidungsstücken)_
bolsita de plástico (f.) – _Einkaufstüte_
bomba (f.) de aceite – _Ölpumpe_
bomba (f.) para neumáticos – _Luftpumpe_
bombilla (f.) – _Glühbirne_
bonito (m.) – _Thunfisch_
boquerones (m.pl.) – _Sardellen_
borrasca (f.) – _Sturm_
bosque (m.) – _Wald_
botas (f.pl.) – _Stiefel_
botas de agua (f.pl.) – _Gummistiefel_
botiquín (m.) – _Verbandskasten_
botón (m.) – _Knopf_
bragapañales (m.pl.) – _Höschenwindeln_
brandy (m.) – _Weinbrand_
brazo (m.) – _Arm_
brocha (f.) de afeitar – _Rasierpinsel_
brocheta (f.) – _Spieß_
bronquios (m.pl.) – _Bronchien_
bronquitis (f.) – _Bronchitis_
buceo (m.) – _Tauchen_
buceo (m.) con esnórquel – _Schnorcheln_
buey (m.) – _Rind (Ochse)_
bufanda (f.) – _Schal_
bujía (f.) – _Zündkerze_
buñuelos (m.pl.) – _kleine Windbeutel_
butifarra (f.) – _katalanische Bratwurst_
buzón (m.) – _Briefkasten_

C

caballa (f.) – _Makrele_
cabina (f.) de teléfono – _Telefonzelle_
cable (m.) – _Kabel_
cable (m.) para puente eléctrico – _Starthilfekabel_
cabrito (m.) – _Zicklein_
cacahuetes (m.pl.) – _Erdnüsse_
cadena (f.) – _Kette_
café (m.) – _Kaffee_
caja (f.) – _Kasse_
caja (f.) de cambios – _Getriebegehäuse_
caja (f.) de herramientas – _Werkzeugkasten_

caja (f.) postal – *Postsparkasse*
calabacines (m.pl.) – *Zucchini*
calabaza (f.) – *Kürbis*
calamares (m.pl.) – *Tintenfisch*
calambre (m.) – *(Waden)Krampf*
calcetines (m.pl.) – *Socken*
calcetines (m.pl.) largos – *Strümpfe*
calçots (m.pl.) – *Lauchzwiebeln (Spezialität aus Valls/ Tarragona)*
caldo (m.) – *Brühe*
calefacción (f.) – *Heizung*
caliente – *warm*
calle (f.) – *Straße (in der Ortschaft)*
callejón (m.) – *Gasse*
callo (m.) – *Hühnerauge*
callos (m.pl.) (a la madrileña) – *Kutteln (nach Madrider Art)*
calzoncillos (m.pl.) – *Unterhose*
cama (f.) – *Bett*
cama (f.) de niño – *Kinderbett*
cámara (f.) de aire – *Schlauch*
camarera (f.) – *Zimmermädchen*
camarero (m.) – *Kellner*
camarón (m.) – *Garnele*
cambio (m.) de velocidades – *Getriebe*
camino (m.) – *(Feld-)Weg*
camión (m.) – *LKW*
camisa (f.) – *Hemd*
camiseta (f.) – *T-Shirt, Unterhemd*
camisón (m.) – *Nachthemd*
camping (m.) – *Campingplatz*
campo (m.) de golf – *Golfplatz*
canal (m.) – *Kanal*
canela (f.) – *Zimt*
cangrejo (m.) – *Krebs*
canilla (f.) – *Schienbein*
canoa (f.) – *Paddelboot*
caña (f.) – *kleines Bier vom Faß*
caña (f.) de pescar – *Angel*
capa (f.) para la lluvia – *Regencape*
capilla (f.) – *Kapelle*
capiteles (m.pl.) – *Kapitelle*
capó (m.) – *Motorhaube*
cápsulas (f.pl.) kapsulas – *Kapseln*
caracoles (m.pl.) – *Schnecken*
caravana (f.) – *Caravan*
carbón (m.) – *Grillkohle*

carburador (m.) – *Vergaser*
carne (f.) – *Fleisch*
carne picada (f.) – *Hackfleisch*
carnet (m.) de conducir – *Führerschein*
carnet (m.) de vacunación – *Impfpaß*
carnet de albergue de juventud – *Jugendherbergsausweis*
carnicería (f.) – *Metzger*
carpa (f.) – *Karpfen*
carrete (m.) – *Rollfilm*
carrete (m.) de blanco y negro – *Schwarzweißfilm*
carrete (m.) de color – *Farbbilderfilm*
carrete (m.) de diapositivas – *Diafilm*
carretera (f.) – *Landstraße*
carrocería (f.) – *Karosserie*
carta (f.) – *Brief; Speisekarte*
cárter (m.) de aceite – *Ölwanne*
cartucho (m.) de gas – *Gaskartusche*
casa (f.) señorial – *Herrenhaus*
cascada (f.) – *Wasserfall (klein)*
casco (m.) – *Helm*
casco (m.) secador – *Trockenhaube*
casi – *fast*
caspa (f.) – *Schuppen*
castaña (f.) – *Eßkastanie*
castaña (f.) silvestre – *Roßkastanie*
castillo (m.) – *Burg, Schloß*
catarata (groß) (f.) – *Wasserfall (groß)*
catarro (m.) del heno – *Heuschnupfen*
cava (m.) – *Schaumwein*
caza (f.) – *Jagen*
cebo (m.) – *Köderfische*
cebollas (f.pl.) – *Zwiebeln*
cebollino (m.) – *Schnittlauch*
cejas (f.pl.) – *Augenbrauen*
cementerio (m.) – *Friedhof*
cena (f.) – *Abendessen*
centeno (m.) – *Roggen*
centolla (f.) – *Seespinne*
central (f.)/ operadora (f.) – *Vermittlung*
cepillo (m.) de dientes – *Zahnbürste*
cepillo (m.) para el cabello – *Haarbürste*
cerámica (f.) – *Keramik*
cerca – *nah*
cerdo (m.) – *Schwein*
cerezas (f.pl.) – *Kirschen*

cerillas (f.pl.) – Zündhölzer
cerradura (f.) – Türschloß
certificado (m.) – Einschreiben
cerveza (f.) – Bier
chaleco (m.) – Pullunder, Weste
champiñones (m.pl.) – Champignons
champú (m.) – Shampoo
chanquete (m.) – Babyfisch (Spezialität in Andalusien)
chaqueta (f.) – Jacke, Sakko
chaqueta (f.) para la lluvia – Regenjacke
chasis (m.) – Fahrgestell
cheque (m.) – Scheck
chipirones (m.pl.) – Kalmares
chocolate (m.) – Schokolade
chorizo (m.) – Paprikawurst
chucrut (m.) – Sauerkraut
chuleta (f.) – Kotelett
churros (m.pl.) – Fetteiggebäck
ciática (f.) – Ischias
ciclismo (m.) – Radfahren
ciclomotor (m.) – Mofa
cigarrillos (m.pl.) – Zigaretten
cigarrito (m.pl.) – Zigarillo
cincel (m.) – Meißel
cinta (f.) adhesiva – Klebeband
cinta (f.) elástica – Gummiband
ciprés (m.) – Zypresse
ciruela (f.) – Pflaume
ciruela (f.) amarilla – Mirabelle
cirujano (m.) – Chirurg
cistitis (f.) – Blasenentzündung
civet (m.) – Wildragout
claro – hell; natürlich
claustro (m.) – Kreuzgang
clavo (m.) – Nagel
clavos (m.pl.) – Nelken
clima (m.) – Klima
climatización (f.) – Klimaanlage
cocer – kochen
coche (m.) – Auto
cochinillo (m.) – Spanferkel
cocido – gekocht
cocido madrileño – Eintopf aus Madrid
cocina (f.) – Küche
coco (m.) – Kokosnuß
codo (m.) – Ellenbogen

codornices (f.pl.) – Wachteln
cogollo (m.) – Herzstück vom Salat oder Kohlkopf
cojinete (m.) de la biela – Tretlager
col (f.) – Kohl
col (f.) de Bruselas – Rosenkohl
cola (f.) – Leim
coliflor (f.) – Blumenkohl
colina (f.) – Hügel
de color – farbig
columnas (f.pl.) – Säulen
comida (f.) – Mittagessen
comino (m.) – Kümmel
comisión (f.)/ recargo (m.) sobre un cheque – Scheckgebühr
compartimiento (m.) – Abteil
compresa (f.) – Kompresse
compresas (f.pl.) – Damenbinden
con – mit
concha (f.) – Muschel
conejo (m.) – Kaninchen
confección (f.) de caballeros – Herrenbekleidung
confección (f.) de señoras – Damenbekleidung
conjunto (m.) – Kostüm
conmoción (f.) cerebral – Gehirnerschütterung
conmutador (m.) de luces – Abblendschalter
consomé (m.) – Kraftbrühe
contrapedal (m.) – Rücktritt
control (m.) de radar – Radarkontrolle
contusión (f.) – Prellung
coñac (m.) – Kognak
copos (m.pl.) de avena – Haferflocken
corazón (m.) – Herz
corbata (f.) – Krawatte
cordero (m.) – Lamm
cordones (m.pl.) – Schnürsenkel
cordón (m.) de goma – Gummilitze
coro (m.) – Chor
correa (f.) para equipaje – Packriemen
cortado (en rodajas, rebanadas) – geschnitten (in Scheiben)
corte (m.) escalonado – Stufenschnitt
corvina (f.) – Meerrabe
cosita (f.) – Kleinigkeit
costilla (f.) – Rippe
crema (f.) – Salbe
cremallera (f.) – Reißverschluß

cremat (m.) – *warmes Getränk mit Rum flambiert*
crepes (m.pl.) – *Crêpes*
cripta (f.) – *Krypta*
cristal (m.) térmico – *Heckscheibenheizung*
croissant (m.) – *Hörnchen*
croissant de chocolate – *Schokoladenhörnchen*
croquetas (f.pl.) – *Kroketten*
cruce (m.) – *Kreuzung*
crudo – *roh*
cruz (f.) – *Kreuz*
cuadro (m.) – *Gemälde, Rahmen*
de cuadros – *kariert*
cuajada (f.) – *geronnene Milch, Quark*
cuarto (m.) de baño – *Badezimmer*
cubierta (f.) de neumático – *Mantel (Reifen)*
cubierto – *bedeckt*
cubierto (m.) – *Besteck*
cubo (m.) – *Nabe*
cuchara (f.) – *Eßlöffel*
cucharilla (f.) – *Blinker (Angeln); Teelöffel*
cuchillo (m.) – *Messer*
cucurucho (m.) – *Tüte*
cuello (m.) – *Hals*
cuenta (f.) – *Konto, Rechnung*
cuerda (f.) de remolcar – *Abschleppseil*
cuerno (m.) – *Horn*
cueva (f.) – *Höhle, Tropfsteinhöhle*
culebra (f.) – *Natter*
curva (f.) – *Kurve*

D

daño (m.) – *Schaden*
dátiles (m.pl.) – *Datteln*
dedo (m.) – *Finger*
dedos (m.pl.) del pie – *Zehen*
delante – *vorn*
dentista (m.), odontólogo (m.) – *Zahnarzt*
dentón (m.) – *Zahnbrassen*
depósito (m.) de combustible – *Tank*
a la derecha – *rechts*
derechos (m.pl.) – *Gebühren*
dermatólogo (m.) – *Hautarzt*
desagüe (m.) – *Abfluß*
desayuno (m.) – *Frühstück*
descapsulador (m.) – *Kapselheber*
desgarro (m.) muscular – *Muskelriß*

desierto (m.) – *Wüste*
desodorante (m.) – *Deodorant*
despejado – *heiter (Wetter)*
despertador (m.) – *Wecker*
después de – *nach*
destapador (m.) – *Flaschenöffner*
destornillador (m.) – *Schraubenzieher*
desvio (m.) – *Umleitung*
detergente (m.) – *Waschmittel*
diarrea (f.) – *Durchfall*
diente (m.) – *Zahn*
dinero en efectivo (m.) – *Bargeld*
dislocación (f.), distorción (f.) – *Verstauchung*
disparador (m.) – *Auslöser*
distensión (f.) de un tendón – *Sehnenzerrung*
día (m.) festivo – *Feiertag*
dobladillo (m.) – *Saum*
dolor (m.) de cabeza – *Kopfschmerzen*
dolor (m.) de espalda – *Rückenschmerzen*
dolor (m.) de garganta – *Halsweh*
dolores (m.) de vientre – *Bauchschmerzen*
dolores (m.pl.) abdominales – *Unterleibsschmerzen*
dolores (m.pl.) articulares – *Gelenkschmerzen*
dolores (m.pl.) de muelas – *Zahnschmerzen*
domicilio (m.) – *Wohnort*
domingo (m.) – *Sonntag*
dorada (f.) – *Goldbrassen*
droguería (f.) – *Drogerie*
ducha (f.) – *Dusche*
dulce – *süß*
duna (f.) – *Düne*
duración (f.) del alquiler – *Mietdauer*

E

eccema (m.) – *Ausschlag*
edad (f.) – *Alter*
edad (f.) antigua – *Altertum*
edad (f.) media – *Mittelalter*
edificio (m.) – *Gebäude*
eje (m.) de cigüeñal – *Kurbelwelle*
embalse (m.) – *Stausee*
embellecedor (m.) del radiador – *Kühlergrill*
embrague (m.) (pedal de embrague) – *Kupplung(spedal)*
embutido (m.) – *Wurst*
empanada (f.) – *gefüllte Teigtasche*

emperador (m.), pez (m.) espada – *Schwert-fisch*

encendedor (m.) – *Feuerzeug*

encendido (m.) – *Zündung*

encina (f.) – *Eiche*

endibias (f.pl.) – *Endivien*

eneldo (m.) – *Dill*

enmohecido – *schimmelig*

ensaimada (f.) – *Teigschnecke mit Puderzuk-ker*

ensalada (f.) – *Salat*

entonces – *also*

entrada (f.) – *Einfahrt*

entramado (m.) – *Fachwerk*

entremeses (m.pl.) – *gemischte Vorspeise (mit Wurst u. Salat)*

equipaje (m.) – *Gepäck*

equipo (m.) de buceo – *Tauchausrüstung*

equitación (f.) – *Reiten*

erizo marino (m.) – *Seeigel*

escalera (f.) mecánica – *Rolltreppe*

escalivada (f.) – *eingelegte Paprika, Zwiebeln, Auberginen*

escalofrío (m.) – *Schüttelfrost*

escalope (m.) – *Schnitzel*

escape (m.) – *Auspuff*

escorpión (m.) – *Skorpion*

escuadra (f.) – *Winkel*

escuela (f.) – *Schule*

escultura (f.) – *Plastik (Statue)*

esófago (m.) – *Speiseröhre*

espaguetis (m.pl.) – *Spaghettis*

espalda (f.) – *Rücken, (beim Fleisch) Schulter-stück*

espárrago (m.) – *Spargel*

espátula (f.) – *Spachtel*

especias (f.pl.) – *Gewürze*

espejo (m.) – *Spiegel*

espinacas (f.pl.) – *Spinat*

esqueixada (f.) – *Stockfischsalat*

esquí (m.) náutico – *Wasserski*

estampa (f.) – *Druck*

estanco (m.)/ tabacos (m.pl.) – *Tabakladen*

estanque (m.) – *Teich*

estaquilla (f.) – *Hering (Zelt-)*

estatua (f.) – *Statue*

este (m.) – *Osten*

estofado (m.) – *Schmorfleisch*

estómago (m.) – *Magen*

estragón (m.) – *Estragon*

estrechamiento (m.) – *Engpaß*

estrecho (m.) – *Meerenge*

estreñimiento (m.) – *Verstopfung*

excavaciones (f.pl.) – *Ausgrabungen*

excursionismo (m.) – *Wandern*

exención (f.) de responsabilidad – *Haftungs-ausschluß*

exposición (f.) – *Ausstellung*

exposímetro (m.) – *Belichtungsmesser*

F

fabada (f.) asturiana – *Eintopf aus Asturien mit dicken Bohnen*

faisán (m.) – *Fasan*

falda (f.) – *Rock*

farmacia (f.) – *Apotheke*

faro (m.) antiniebla – *Nebellicht*

fábrica (f.) – *Fabrik*

fecha (f.) – *Datum*

feo – *häßlich*

ferretería (f.) – *Eisenwaren*

fiambre (m.) – *Aufschnitt*

fianza)f) – *Kaution*

fideuà (f.) – *Paella-ähnliche Nudelpfanne*

fiebre (f.) – *Fieber*

fila (f.) – *Reihe*

fino (m.) – *Wein aus Jerez*

firma (f.) – *Unterschrift*

firme (m.) deslizante – *Schleudergefahr*

flan (m.) – *kleiner Karamelpudding*

flash (m.) – *Blitzlicht*

flequillo (m.) – *Pony (Frisur)*

formulario (m.) – *Formular*

forro (m.) – *Futter*

fractura (f.) – *Bruch (Knochen-)*

frambuesas (f.pl.) – *Himbeeren*

fregadero (m.) – *Abspülbecken*

fregador (m.) – *Spüllappen*

freno (m.) de contrapedal – *Rücktrittbremse*

freno (m.) de mano – *Handbremse*

fresas (f.pl.), fresones (m.pl.) – *Erdbeeren*

fresco – *frisch*

frio – *kalt*

fritar – *braten*

fruta (f.) – *Obst*

frutería (f.) – *Obsthändler*
fuente (f.) – *Quelle*
fuet (m.) – *harte Salamiwurst*
fusible (m.) – *Sicherung*
fútbol (m.) – *Fußball*

G

gafas (f.pl.) – *Brille*
galería (f.) – *Galerie*
galletas (f.pl.) – *Kekse*
gambas (f.pl.) (a la plancha) – *große Krabben (gegrillt)*
ganso (m.) – *Gans*
garaje (m.) de aparcamiento – *Parkhaus*
garbanzos (m.pl.) – *Kichererbsen*
gaseosa (f.) – *weiße Brause*
gasoil (m.), diesel (m.) – *Diesel*
gasolina (f.) – *Benzin*
gasolinera (f.) – *Tankstelle*
gaviota (f.) – *Möwe*
gazpacho (m.) – *kalte Gemüsecreme*
ginebra (f.) – *Gin*
ginecólogo (m.) – *Frauenarzt*
giro (m.) telegráfico – *telegrafische Überweisung*
giro postal (m.) – *Geldanweisung*
gorro (m.) – *Mütze*
gorro de baño (m.) – *Badehaube*
gotas (f.pl.) – *Tropfen*
gracias – *danke*
grande – *groß*
grandes almacenes (f.pl.) – *Kaufhaus*
granizado (m.) – *Eisgetränk*
granizo (m.) – *Niesel*
grasa (f.) para cadenas – *Kettenfett*
gravilla (f.) – *Rollsplitt*
grifo (m.) con racor – *Zapfhahn*
gripe (f.) – *Grippe*
gris – *grau*
grosellas (f.pl.) – *Johannisbeeren*
gruta (f.) – *Grotte*
guante (m.) de tocador – *Waschlappen*
guantera (f.) – *Handschuhfach*
guantes (m.pl.) – *Handschuhe*
guardarropa (f.) – *Garderobe*
guisado (m.) – *Eintopf mit Fleisch und Kartoffeln*
guisantes (m.pl.) – *Erbsen*

guía (f.) de teléfonos – *Telefonbuch*

H

habas (f.pl.) – *dicke Bohnen*
habitaciones en casas de particulares – *Privatzimmer*
habitación multiple – *Mehrbettzimmer*
hambre – *Hunger*
harina (f.) – *Mehl*
hasta – *bis*
Hasta pronto – *bis bald*
haya (f.) – *Buche*
helado (m.) – *Eis*
hematoma (m.) – *Bluterguß*
hemorragia (f.) – *Blutung*
hemorragia (f.) nasal – *Nasenbluten*
hemorroides (m.pl.) – *Hämorrhoiden*
herida (f.) – *Wunde*
heridos (m.pl.) – *Verletzte*
hierbas (f.pl.) – *Kräuter; Kräuterlikör*
higos (m.pl.) – *Feigen*
hilo (m.) de coser – *Nähgarn*
hinojo (m.) – *Fenchel*
hígado (m.) – *Leber*
hoja (f.) de afeitar – *Rasierklingen*
hora (f.) de salida – *Abfahrtszeit*
horchata (f.) – *Mandelmilch*
hornillo (m.) – *Kocher*
hospital (m.) – *Krankenhaus*
hoy – *heute*
hueso (m.) – *Knochen*
huevo duro – *hartgekochtes Ei*
huevo frito – *Spiegelei*
huevo pasado por agua – *weichgekochtes Ei*
huevos (m.pl.) – *Eier*

I

ictericia (f.) – *Gelbsucht*
iglesia (f.) – *Kirche*
imperdible (m.) – *Sicherheitsnadel*
impermeable (m.) – *Regenmantel*
impreso (m.) para un giro postal – *Zahlkarte*
indicativo (m.) – *Telefon-Vorwahl*
indicativo del país (m.) – *Ländervorwahl*
infección (f.) de hongos – *Pilzinfektion*
información (f.) – *Auskunft*
informe (m.) meteorológico – *Wetterbericht*

infusión (f.) – *Kräutertee*
insectos (m.pl.) – *Insekten*
insolación (f.) – *Hitzschlag, Sonnenstich*
interesante – *interessant*
intermitente (m.) – *Blinker (Auto)*
intermitente (m.) de alarma – *Warnlicht*
intersección (f.) de la nave – *Vierung*
intestino (m.) – *Darm*
intoxicación (f.) alimenticia – *Lebensmittelver-giftung*
intoxicación (f.) por salmonelas – *Salmonellen-vergiftung*
invierno (m.) – *Winter*
a la izquierda – *links*

J

jabalí (m.) – *Wildschwein*
jabón (m.) – *Seife*
jabón (m.) de afeitar – *Rasierseife*
jamón (m.) – *Schinken*
jamón (m.) (serrano/ dulce) – *Schinken (roh/ gekocht)*
jaqueca (f.), migraña (f.) – *Migräne*
jarabe (m.) contra la tos – *Hustensaft*
jardín (m.) – *Garten*
jerez (m.) – *Sherry*
jersey (m.) – *Pullover*
joyería (f.) – *Juwelier*
judías (f.pl.) verdes – *grüne Bohnen*
jueves (m.) – *Donnerstag*
juguetes (m.pl.) – *Spielwaren*

K

kilometraje (m.) global – *Kilometerpauschale*

L

ladrillo (m.) – *Ziegel(stein)*
lagarto (m.) – *Eidechse*
lago (m.) – *See*
lana (f.) – *Wolle*
langosta (f.) – *Languste*
lata (f.) – *Dose*
lava vajillas (m.) – *Spülmittel*
lavabo (m.) – *Toilette*
lavado (m.) – *Waschen*
lavado (m.) principal – *Hauptwäsche*
lavadora (f.) – *Waschmaschine*

lavandería (f.) (de autoservicio) – *Waschsalon (Selbstbedienungs-)*
lavar – *waschen*
lámpara (f.) piloto – *Kontrolleuchte*
leche (f.) – *Milch*
lechería (f.) – *Milchgeschäft*
lechón (m.) – *Spanferkel*
lechuga (f.) – *Kopfsalat*
lejos – *weit*
lengua (f.) – *Zunge*
lenguado (m.) – *Seezunge*
lentejas (f.pl.) – *Linsen*
lentes (f.pl.) de contacto – *Kontaktlinsen*
librería (f.) – *Buchhandlung*
librería de ocasión (f.) – *Antiquariat (Bücher)*
libreta postal de ahorros (f.) – *Postsparbuch*
libros (m.pl.) – *Bücher*
licencia (f.) de pescar – *Angelkarte/-schein*
licor (m.) – *Likör*
liebre (f.) – *Hase*
lila – *lila*
lima (f.) para uñas – *Nagelfeile*
limitación (f.) de velocidad – *Geschwindigkeits-begrenzung*
limonada (f.) – *Limonade*
limón (m.) – *Zitrone*
limpiaparabrisas (m.) – *Scheibenwischer*
linterna (f.) (de bolsillo) – *Taschenlampe*
liquido (m.) de freno – *Bremsflüssigkeit*
llamada (f.) a cobro revertido – *R-Gespräch*
llanta (f.) – *Felge*
llave (f.) – *Schlüssel*
llave "allen" (f.) – *Inbusschlüssel*
llave (f.) para tuercas – *Schraubenschlüssel*
llegada (f.) – *Ankunft*
llovizna (f.) – *Graupel*
lluvia (f.) – *Regen*
loción (f.) de afeitar – *Rasierwasser*
lomo (m.) – *(Schweine-)rücken*
lubina (f.) – *Wolfsbarsch*
lumbago (m.) – *Hexenschuß*
lunes (m.) – *Montag*
luz (f.) de cruce – *Abblendlicht*
luz (f.) de posición – *Standlicht*
luz (f.) delantera – *Vorderlicht*
luz (f.) larga – *Fernlicht*
luz (f.) trasera – *Rücklicht*

M

macarrones (m.pl.) – *Makkaroni*
macedonia (f.) de frutas – *Obstsalat*
macizo (m.) montañoso – *Gebirgsmassiv*
madera (f.) – *Holz*
maíz (m.) – *Mais*
malaria (f.), paludismo (m.) – *Malaria*
maletero (m.) – *Kofferraum*
mandarinas (f.pl.) – *Mandarinen*
manguera (f.) – *Schlauch (Wasser-)*
manicura (f.) – *Maniküre*
manillar (m.) – *Lenker*
manjar (m.) blanc – *Grieß und Mandeln*
mano (f.) – *Hand*
manojo (m.) – *Bund*
manta (f.) – *Decke*
mantequilla (f.) – *Butter*
manzana (f.) – *Apfel*
mañana – *morgen*
(por) la mañana – *Vormittag(s)*
maquillar(se) – *schminken (sich)*
maquina (f.) de afeitar – *Rasierapparat*
mar (m.) – *Meer*
marea (f.) viva – *Springflut*
mareo (m.) – *Übelkeit*
mareo (m.) (de viajes) – *Reisekrankheit*
marfil (m.) – *Elfenbein*
mariscos (m.pl.) – *Meeresfrüchte*
marrón – *braun*
martes (m.) – *Dienstag*
martillo (m.) – *Hammer*
masaje (m.) – *Massage*
mascarilla (f.) capilar – *Haarkur*
mata (f.) – *Gebüsch*
mató (m) – *Frischkäse aus Katalonien*
mayonesa (f.) – *Mayonnaise*
mármol (m.) – *Marmor*
más – *mehr*
máscara (f.) – *Maske*
mecanismo (m.) de traslación – *Fahrwerk*
medias (f.pl.) – *Strumpfhose*
medidor (m.) de presión – *Druckluftmesser*
(al) mediodía – *Mittag(s)*
medusa (f.) – *Qualle*
mejillones (m.pl.) – *Miesmuscheln*
mejor ... que – *lieber ... als*

mejorana (f.) – *Majoran*
mel i mató – *Honig und Frischkäse*
melocotón (m.) – *Pfirsich*
melocotón (m.) en almíbar – *Pfirsich in Sirup*
melón (m.) – *(Honig)melone*
membrillo (m.) – *Quitte*
menos – *weniger*
menstruación (f.), regla (f.) – *Periode (Menstruation)*
menta (f.) – *Minze*
mercado (m.) – *Markt*
mercería (f.) – *Kurzwaren*
merengue (m.) – *Baiser*
merluza (f.) – *Seehecht*
mermelada (f.) – *Marmelade*
mero (m.) – *Riesenzackenbarsch*
metro (m.) – *Zollstock*
mezquita (f.) – *Moschee*
médico (m.) – *Arzt*
miel (f.) – *Honig*
miércoles (m.) – *Mittwoch*
minigolf (m.) – *Minigolf*
mirador (m.) – *Aussichtspunkt*
moldura (f.) – *Sims*
molido – *gemahlen*
montaña (f.) – *Berg, Gebirge*
montañismo (m.) – *Bergsteigen*
moras (f.pl.) – *Brombeeren*
morcilla (f.) – *Blutwurst*
mosaico (m.) – *Mosaik*
moscatel (m.) – *Muskatellerwein*
mosquito (m.) – *Mücke*
mostaza (f.) – *Senf*
motocicleta (f.) – *Motorrad*
muebles (m.pl.) – *Möbel*
multicolor – *bunt*
muro (m.) – *Mauer*
museo (m.) – *Museum*
muslo (m.) – *Keule*

N

nacionalidad (f.) – *Staatsangehörigkeit*
(color) naranja – *orange*
naranja (f.) – *Apfelsine*
nariz (f.) – *Nase*
nata (f.) – *Schlagsahne*
natación (f.) – *Schwimmen*

natillas (f.pl.) – _Vanillecreme_
navegación (f.) a vela – _Segeln_
navidad (f.) – _Weihnachten_
negro – _schwarz_
nervios (m.pl.) – _Nerven_
neumático (m.) – _Reifen_
niebla (f.) – _Nebel_
nieve (f.) – _Schnee_
niños (m.pl.) – _Kinder_
níspero (m.) – _Mispel_
no – _nein_
(por) la noche – _Nacht(s)_
nombre (m.) – _Vorname_
norte (m.) – _Norden_
nueces (f.pl.) – _(Wal)nüsse_
nuez del Brasil (f.) – _Paranuß_
nuez moscada (f.) – _Muskat_
número (m.) del abonado – _Teilnehmer-Nummer_

O

objetivo (m.) – _Objektiv_
observatorio (m.) – _Observatorium_
oculista (m.), oftalmólogo (m.) – _Augenarzt_
oeste (m.) – _Westen_
oficina (f.) de correos – _Postamt_
ojal (m.) – _Knopfloch_
ojo (m.) – _Auge_
olivas (f.pl.) rellenos – _Oliven (gefüllt)_
olmo (m.) – _Ulme_
óptico (m.) – _Optiker_
oreja (f.) – _Ohr_
orégano (m.) – _Oregano_
ortopedista (m.) – _Orthopäde_
oscuro – _dunkel_
ostras (f.pl.) – _Austern_
otitis (f.) media – _Mittelohrentzündung_
otoño (m.) – _Herbst_
otorrinolaringólogo (kurz: otorrino) (m.) – _Hals-, Nasen-, Ohrenarzt_

P

paella (f.) – _Reispfanne_
paisaje (m.) – _Landschaft_
pala (f.) – _Golfschläger_
palanca (f.) de cambio – _Schalthebel_
palco (m.) – _Loge_

palo (m.) de tienda – _Zeltstange_
paloma (f.) – _Taube_
pan (m.) – _Brot_
pan tostado – _Toastbrot_
panadería (f.) – _Bäckerei_
panecillo (m.) – _Brötchen_
panorama (m.) – _Panorama_
pantalón (m.) – _Hose_
pantorrilla (f.) – _Wade_
pañales (m.pl.) – _Windeln_
pañuelo (m.) – _Taschentuch_
pañuelo (m.), bufanda (f.) – _Halstuch_
papel (f.) higiénico – _Toilettenpapier_
papel (m.) de cartas – _Briefpapier_
papel (m.) de lija – _Schleifpapier_
papelería (f.) – _Papierwaren_
paquete (m.) – _Paket_
para – _für_
parabrisas (m.) – _Windschutzscheibe_
paracaidismo (m.) – _Fallschirmspringen_
parachoques (m.) – _Stoßstange_
parafango (m.) – _Schutzblech_
paraguas (m.) – _Regenschirm_
parcómetro (m.) – _Parkuhr_
parotiditis (f.) – _Mumps_
parque (m.) zoológico – _Zoo_
pasado mañana – _übermorgen_
pasas (f.pl.) – _Rosinen_
pascua (f.) – _Ostern_
paso (m.) – _Gebühreneinheit_
paso a nivel (m.) – _Bahnübergang_
pasta (f.) de dientes – _Zahnpasta_
pastas (f.pl.) – _Teigwaren_
pastel (m.) – _Kuchen_
pastelería (f.) – _Konditorei_
pasteles (m.pl.) – _Gebäck_
pastilla (f.) de freno – _Bremsbelag_
pastillas (f.pl.) – _Tabletten_
patatas (f.pl.) – _Kartoffeln_
patatas fritas – _Pommes frites_
patillas (f.pl.) – _Backenbart, Koteletten_
patín acuático (m.) – _Tretboot_
pato (m.) – _Ente_
pava (f.) – _Pute_
páginas amarillas (f.pl.) – _Branchentelefonbuch_
pájaros (m.pl.) – _Vögel_
párpado (m.) – _Augenlid_

peaje (m.) – *(Autobahn)gebühren*
pecho (m.) – *Brust*
pechuga (f.) – *Brustfleisch (bei Geflügel)*
pedal (m.) – *Pedale*
pedal (m.) de freno – *Bremspedal*
pedestal (m.) – *Sockel*
pediatra (m.) – *Kinderarzt*
pedicura (f.) – *Pediküre*
peine (m.) – *Kamm*
peligro (m.) – *Gefahr*
película (f.) de pequeño formato – *Kleinbildfilm*
peluca (f.) – *Perücke*
peluquería (f.) – *Frisör*
pepinillo (m.) – *Gurken (eingelegte)*
pepino (m.) – *Gurke (Salat-)*
pequeño – *klein*
pera (f.) – *Birne*
percebes (m.pl.) – *Entenmuscheln*
perdiz (f.) – *Rebhuhn*
Perdón, lo siento – *Verzeihung, es tut mir leid*
perejil (m.) – *Petersilie*
perifollo (m.) – *Kerbel*
periódico (m.) – *Zeitung*
permanente (f.) – *Dauerwelle*
pero – *aber*
pesca (f.) marítima – *Hochseefischen*
pescadería (f.) – *Fischgeschäft*
pescado (m.) – *Fisch*
petroleo (m.) – *Petroleum*
pie (m.) – *Fuß*
piel (f.) – *Haut, Leder*
pijama (m.) – *Dessertmischung aus Eis, Flan, Früchten und Sahne*
pijama (m.) – *Schlafanzug*
pila (f.) – *Batterie*
pila (f.) bautismal – *Taufbecken*
pilar (m.) – *Pfeiler*
pimentón (m.) – *Paprikapulver*
pimienta (f.) – *Pfeffer*
pimiento (m.) – *Paprika*
pincel (m.) – *Pinsel*
pinchos (m.pl.) morunos – *kleine Fleischspieße*
ping pong (m.) – *Tischtennis*
pino (m.) – *Kiefer, Fichte*
piña (f.) – *Ananas*
piñones (m.pl.) – *Pinienkerne*
piragüismo (m.) – *Kanusport*

piso (m.) – *Rang*
pista (f.) – *Piste*
pista (f.) de tenis – *Tennisplatz*
pistachos (m.pl.) – *Pistazien*
pisto (m.) manchego – *Gemüseeintopf*
pizarra (f.) – *Schiefer*
planchar – *bügeln*
planta (f.) baja – *Basement, Erdgeschoß*
platea (f.) – *Parkett*
plato (m.) – *Teller*
plato principal (m.) – *Hauptspeise*
platos (m.pl.) de carne (f.) – *Fleischgerichte*
platos (m.pl.) de pescado (m.) – *Fischgerichte*
playa (f.) – *Strand*
plaza (f.) – *Platz*
plátano (m.) – *Banane; Platane*
plomo (m.) – *Blei*
podrido – *faul, verdorben*
policía (f.) – *Polizei*
pollo (m.) – *Huhn, Hähnchen*
pomelo (m.) – *Pampelmuse*
porcelana (f.) – *Porzellan*
portal (m.) – *Portal*
portón (m.) – *Tor*
portón (m.) trasero – *Heckklappe*
postre (m.) – *Dessert*
potaje (m.) – *dickflüssige Suppe mit Bohnen, Linsen usw.*
pradera (f.) – *Wiese*
prelavado (m.) – *Vorwaschen*
prendas (f.) de señor – *Herrenbekleidung*
prendas (f.pl.) de señora – *Damenbekleidung*
prensar – *mangeln*
preservativos (m.pl.) – *Präservative*
presión (f.) del neumático – *Reifendruck*
primavera (f.) – *Frühjahr*
primer plato (m.)/ entrada (f.) – *Vorspeise*
principiante – *Anfänger*
producto (m.) para fregar – *Scheuermittel*
profesión (f.) – *Beruf*
profiteroles (m.pl.) – *kleine Windbeutel,*
programa (m.) – *Programm*
prohibición (f.) de estacionamiento – *Halteverbot*
prohibido el paso – *Durchfahrt verboten*
propulsión (f.) en todas las ruedas – *Allradantrieb*
pudín (m.) – *Pudding*

puente (m.) – *Brücke*
puerro (m.) – *Lauch, Porree*
puerta (f.) del coche – *Autotür*
pulgar (m.) – *Daumen*
pulmón (m.) – *Lunge*
pulpo (m.) – *Krake (Tintenfischart)*
puño (m.) de puerta – *Türgriff*
puro (m.) – *Zigarre*

Q

quemadura (f.) – *Verbrennung*
quemadura (f.) del sol – *Sonnenbrand*
queso (m.) – *Käse*
queso fresco (m.) – *Quark*

R

ración (f.) de ... – *Portion ....*
radiador (m.) – *Kühler*
radio (f.) – *Radio*
rana (f.) – *Frosch*
rape (m.) – *Seeteufel*
raqueta (f.) de tenis – *Tennisschläger*
raya (f.) – *Rochen*
rayado – *gestreift*
rayos (m.pl.) – *Speichen*
rábano (m.) – *Rettich*
rebanada (f.) – *Scheibe (Brot)*
rebozado – *paniert*
recepción (f.) – *Rezeption*
receta (f.) – *Rezept*
recial (m.) – *Stromschnelle*
recibo (m.) – *Quittung*
recipiente (m.) – *Gefäß*
reclamación (f.) – *Reklamation*
reflector (m.) – *Reflektor*
reloj (m.) – *Uhr*
relojero (m.) – *Uhrmacher*
remache (m.) – *Niete*
remedio (m.) contra el dolor – *Schmerzmittel*
remedio (m.) contra la tos – *Hustenmittel*
remolacha (f.) – *Rote Bete*
remolque (m.) – *Anhänger*
renacimiento (m.) – *Renaissance*
repollo (m.) – *Weißkohl*
reposa (m.) cabeza – *Kopfstütze*
requesón (m.) – *Quark*
reserva (f.) natural – *Naturschutzgebiet*

reserva (f.) ornitológica – *Vogelschutzgebiet*
reservación (f.) – *Reservierung*
resfriado (m.) – *Erkältung*
respaldo (m.) – *Rückenlehne*
retrovisor (m.) exterior – *Außenrückspiegel*
revista (f.) – *Zeitschrift*
revoltillo (m.) – *Rührei*
riñón (m.) – *Niere*
río (m.) – *Fluß*
roca (f.) – *Felsen*
rodaja (f.)/ lonja (f.) – *Scheibe (Wurst/ Käse)*
rodamiento (m.) de bolas – *Kugellager*
rodilla (f.) – *Knie*
rojo – *rot*
romanticismo (m.) – *Romantik*
romero (m.) – *Rosmarin*
ron (m.) – *Rum*
ropa (f.) interior – *Unterwäsche*
ropa (f.) para niños – *Kinderbekleidung*
ropa (f.)/ corsetería (f.) – *Wäsche/ Miederwaren*
ropavejero (m.)/ baratillero (m.) – *Trödler*
rosa – *rosa*
rotura (f.) de ligamentos – *Bänderriß*
rubéola (f.) – *Röteln*
rueda (f.) – *Rad*
rueda (f.) de repuesto – *Reserverad*
rueda (f.) delantera – *Vorderrad*

S

sacacorchos (m.) – *Korkenzieher*
sal (f.) – *Salz*
sala (f.) de consulta – *Behandlungszimmer*
sala (f.) de espera – *Wartezimmer*
sala de dormir – *Schlafsaal*
salchichas (f.pl.) – *Würstchen*
salida (f.) – *Abfahrt*
salmonete (m.) – *Meerbarbe*
salmón (m.) – *Lachs*
salsa (f.) – *Sauce*
Salud / A su salud! – *Prost / Zum Wohl!*
salvia (f.) – *Salbei*
sandalias (f.pl.) – *Sandalen*
sandía (f.) – *Wassermelone*
sangría (f.) – *Rotweinbowle*
sapo (m.) – *Kröte*
sarampión (m.) – *Masern*
sarcófago (m.) – *Sarkophag*

sardinas (f.pl.) – *Sardinen*
sastería (f.) – *Schneiderei*
satisfecho/satisfecha – *satt*
sábado – *Samstag/Sonnabend (m.)*
scooter (m.) – *Motorroller*
secado – *getrocknet*
secadora (f.) – *Wäschetrockner*
secar – *Fönen*
sed – *Durst*
sedal (m.) – *Angelschnur*
segunda pascua (f.), pentescostés (m.) – *Pfingsten*
seguridad (f.) social (staatlich), seguro (m.) de enfermedad (privat) – *Krankenkasse*
seguro (m.) contra todo riesgo – *Vollkasko(versicherung)*
selva (f.) (virgen) – *Urwald*
semana (f.) – *Woche*
semáforo (m.) – *Ampel*
sensibilidad (f.) (ASA) – *Filmempfindlichkeit*
serpiente (f.) – *Schlange*
sesos (m.pl.) – *Hirn*
setas (f.pl.) – *Pilze*
short (m.) – *Shorts*
SIDA (m.) – *AIDS*
sidra (f.) – *Apfelwein*
sierra (f.) – *Säge*
siglo (m.) – *Jahrhundert*
sillín (m.) – *Sattel*
sin – *ohne*
sin plomo – *bleifrei*
sinagoga (f.) – *Synagoge*
sí – *ja*
sobrasada (f.) – *Paprikastreichwurst aus Mallorca*
sol (m.) – *Sonne*
solario (m.) – *Sonnenbank*
solomillo (m.) – *Filet, Lendenstück*
sombrero (m.) – *Hut*
sombrero de sol (m.) – *Sonnenhut*
sombrilla (f.) – *Sonnenschirm*
somnitero (m.) – *Schlafmittel*
sopa (f.) – *Suppe*
soporte (m.) para bicicletas – *Ständer*
sorbete (m.) – *Fruchteis*
sostén (m.) – *BH*
sótano (m.) – *Untergeschoß*
sudor (m.) – *Schwitzen*

suela (f.) – *Sohle*
super (m.) – *Superbenzin*
superficie (f.) helada – *Glatteis*
sur (m.) – *Süden*
surf (m.) – *Surfen*
surtidor (m.) de gasolina – *Zapfsäule*

T

tabaco (m.) – *Tabak*
tablas de windsurf – *Surfbretter*
tablero (m.) de mandos – *Armaturenbrett*
tacómetro (m.) – *Tachometer*
tacón (m.) – *Absatz*
taladradora (f.) – *Bohrmaschine*
taladro (m.) – *Bohrer*
talco (m.) – *Puder*
tallarines (m.pl.) – *Nudeln*
también – *auch*
tampoco – *auch nicht*
tampones (m.pl.) – *Tampons*
tapa (f.) de ... – *Tapa-Portion ...*
(por) la tarde – *Abend(s)*
tarjeta (f.) postal – *Postkarte*
tarjeta de credito (f.) – *Kreditkarte*
tarta (f.) – *Torte*
teatro (m.) – *Theater*
techo (m.) – *Dach*
tela (f.), tejido (m.) – *Stoff*
telesilla (f.) – *Sessellift*
televisión (f.) – *Fernsehgerät*
teléfono (m.) – *Telefon*
tenazas (f.pl.) – *Zange*
tenedor (m.) – *Gabel (Besteck)*
tenis (m.) – *Tennis*
termómetro (m.) clínico – *Fieberthermometer*
testigos (m.pl.) antiniebla – *Nebelschlußleuchte*
té (m.) – *Tee*
tétanos (m.) – *Tetanus*
tienda (f.) – *Zelt*
tienda (f.) de artículos fotográficos – *Fotogeschäft*
tienda (f.) de comestibles finos, de ultramarinos – *Feinkostgeschäft*
tienda (f.) de electrodomésticos – *Elektrogeschäft*
tienda (f.) de muebles – *Möbelgeschäft*
tijeras (f.pl.) – *Schere*
timbre (m.) – *Klingel*

tintura (f.) – *Tinktur*
tiritas (f.pl.) – *Pflaster*
toalla (f.) – *Handtuch*
tobillo (m.) – *Knöchel*
tocino (m.), bacón (m.) – *Speck*
todo recto – *geradeaus*
tomates (m.pl.) – *Tomaten*
tomillo (m.) – *Thymian*
tormenta (f.) – *Gewitter*
tornillo (m.) – *Schraube*
torrada (f.) – *Bauernbrot mit Auflage (in Katalonien)*
torre (f.) – *Turm*
tortilla española – *Tortilla mit Kartoffeln und Zwiebeln*
tortilla francesa (f.) – *Omelette*
tos (f.) – *Husten*
tónica (f.) – *Tonicwasser*
tracción (f.) delantera – *Vorderradantrieb*
tracción (f.) trasera – *Hinterradantrieb*
trastornos (m.) respiratorios – *Atembeschwerden*
traviesa (f.) – *Strebe (Querstrebe)*
trayecto (m.) en obras – *Baustelle*
tren (m.) de lavado – *Autowaschanlage*
tribuna (f.) – *Empore*
trigo (m.) – *Weizen*
trucha (f.) – *Forelle*
tubo (m.) de goma – *Schlauch (Gummi-)*
tuerca (f.) – *Mutter (techn.)*
turrón (m.) – *eine Art türkischer Honig*

U

uña (f.) – *Nagel*
uvas (f.pl.) – *Weintrauben*

V

vaca (f.) – *Rind (Kuh)*
vacuna (f.) – *Impfung*
vajilla (f.) – *Geschirr*
valle (m.) – *Tal*
vaqueros (m.pl.) – *Jeans*
variable – *wechselhaft*
varicela (f.) – *Windpocken*
vaso (m.) – *Becher, Glas*
vater (m.) – *WC*
válvula (f.) – *Ventil*

vehículo (m.) todo terreno – *Geländewagen*
vejiga (f.) urinaria – *Blase*
venado (m.) – *Rotwild*
venda (f.) – *Binde*
vendaje (m.) – *Bandage*
vendaje (m.) de yeso – *Gipsverband*
vendedor (m.) de prensa – *Zeitungshändler*
vendedor/ vendedora (m/ f) – *Verkäufer/-in*
ventana (f.) – *Fenster*
ventilación (f.) del depósito – *Tankentlüftung*
ventilador (m.) – *Gebläse*
verano (m.) – *Sommer*
verde – *grün*
verdulería (f.) – *Gemüsehändler*
verduras (f.pl.) – *Gemüse*
vermut (m.) – *Wermutwein*
vestido (m.) – *Kleid*
vidrio (m.) – *Glas*
viento (m.) – *Wind*
vientre (m.) – *Bauch*
viernes (m.) – *Freitag*
vinagre (m.) – *Essig*
vino (m.) – *Wein*
vino dulce – *Süßwein*
viñedos (m.pl.) – *Weinberge*
de una sola vía – *einspurig*
víbora (f.) – *Viper*
volante (m.) – *Lenkrad*
volante (m.) internacional de seguro de enfermedad – *Internationaler Krankenschein*
volcán (m.) – *Vulkan*
volley ball (m.) – *Volleyball*
vómitos (m.pl.) – *Erbrechen*
vuelo (m.) sin motor – *Segelfliegen*

Y

y – *und*
yogur (m.) – *Joghurt*

Z

zanahorias (f.pl.) – *Wurzeln, Karotten*
zapatería (f.), tienda (f.) de calzado – *Schuhgeschäft*
zapatillas (f.pl.) de baño – *Badeschuhe*
zapatos (m.pl.) – *Halbschuhe*